D0794376

8/04

**EDAF**
MADRID - MÉXICO - BUENOS AIRES - SAN JUAN - SANTIAGO

# CALDERÓN DE LA BARCA

# EL ALCALDE
# DE ZALAMEA

# LA VIDA
# ES SUEÑO

## INTRODUCCIÓN

### DOS ESTUDIOS SOBRE CALDERÓN

Por Francisco ABAD

Director de la colección:
MELQUÍADES PRIETO

Diseño de cubierta: GERARDO DOMÍNGUEZ

© 1981. De esta edición, Editorial EDAF, S.A..

Editorial EDAF, S. A.
Jorge Juan, 30. 28001 Madrid
http://www.edaf.net
edaf@edaf.net

Edaf y Morales, S. A.
Oriente, 180, nº 279. Colonia Moctezuma, 2da. Sec.
C. P. 15530. México, D. F.
http://www.edaf-y-morales.com.mx
edafmorales@edaf.net

Edaf del Plata, S. A.
Chile, 2222
1227 - Buenos Aires, Argentina
edafdelplata@edaf.net

Edaf Antillas, Inc
Av. J. T. Piñero, 1594 - Caparra Terrace (00921-1413)
San Juan, Puerto Rico
edafantillas@edaf.net

Edaf Chile, S.A.
Huérfanos, 1178 - Of. 506
Santiago - Chile
edafchile@edaf.net

*6ª. edición, junio 2004*

Depósito legal: M-28.911-2004
ISBN: 84-7166-

PRINTED IN SPAIN                    IMPRESO EN ESPAÑA

Gráficas COFAS, S.A. - Pol. Ind. Prado de Regordoño - Móstoles (Madrid)

# ÍNDICE

# ÍNDICE

# DOS ESTUDIOS SOBRE CALDERÓN

Por Francisco ABAD

*Para Santiago de los Mozos*

## «EL ALCALDE DE ZALAMEA»
## COMO DISCURSO POLÍTICO-SOCIAL
## DEL BARROCO

I. Don Pedro Calderón de la Barca había recibido una buena educación con los jesuitas en el Colegio Imperial de Madrid. Sus estudios de retórica y luego de leyes (derecho canónico) en Salamanca iban a servirle en su labor dramática. «Se le enseñó a combinar argumentos con elegantes figuras de dicción, con objeto de cultivar el arte suasoria», concreta Edward Wilson, quien argumenta así mismo: «Los rasgos característicos del verso calderoniano —esos discursos de fuerte trabazón lógica, con elaboradas correlaciones, prolongadas y conceptuosas metáforas e imágenes retóricas— probablemente tuvieron su origen en las aulas de los jesuitas» [1].

Se ha dicho en efecto que el teatro de Calderón es análogo al de Lope en los asuntos, pero diverso en su técnica más reflexiva y perfecta, por lo que la dualidad de ciclos

[1] Edward M. Wilson; Duncan Moir, *Historia de la Literatura Española. Siglo de Oro (Teatro),* Barcelona, 1974, p. 166, en el marco de todas las pp. 161-190, tenidas en cuenta en el texto.

11

dramáticos (de Lope de Vega, de Calderón) es —por encima de una cuestión cronológica— un hecho estético [2].
Angel Valbuena Briones expresa así el significado literario del teatro de don Pedro respecto del de la *comedia nueva:*

> Frente a la audacia, imaginación, intuición poética de Lope, insistió en la técnica, en la organización, en la perspectiva filosófica, en la retórica y en la alegoría. La *comedia* alcanzó así una fórmula más eficaz y sólida y a la vez inició un proceso progresivo de desrealización y simbolismo. Calderón sustituyó paulatinamente el concepto de imitación de abolengo clásico, fundamental en su maestro, por el de creación artística. El itinerario de la escuela dramática española describió así una línea circular que comienza con la idea de la representación como espejo de costumbres para pasar a concebir el género como un arte que crea una realidad poético-ideológica.

De este modo, Calderón alcanza valor universal a través del símbolo [3].

Consecuentemente, los dramaturgos calderonianos se distinguen por varios rasgos generales, y entre ellos:

— empleo de recursos expresivos culteranos y de complicada retórica;

[2] A. Valbuena Prat, *Historia de la Literatura Española,* Barcelona, II [8], p. 531.
[3] A. Valbuena Briones, *Calderón y la «comedia nueva»,* Madrid, 1977, p. 45.

— rigor en la composición dramática;
— efecto más intelectual que emotivo [4].

Refiriéndose a estos temas, Alexander Parker subraya que el funcionamiento de la causalidad constituye en Calderón un principio cardinal en la armazón de sus dramas [5], y sostiene —refiriéndose a todo el teatro barroco español— que el dramaturgo (como fórmula especificada luego en cada una de las obras) no ofrece una serie acabada de personajes, sino —en más o en menos— una acción acabada en tanto conjunto significativo que plasma un tema [6]. El drama español del Siglo de Oro se constituye así como una estructura gobernada por distintos principios, a saber:

— primacía de la acción sobre el desarrollo de los personajes;
— primacía del tema sobre la acción, con la con-

[4] D. Moir, *op. cit.*, pp. 192 ss. Escribe también el mismo hispanista, refiriéndose a los calderonianos: «Estos dramaturgos proporcionaron la gran masa del repertorio de los corrales españoles, desplazando a todas las obras —excepto las de valor muy eminente— de Lope y de su escuela, desde mediados del siglo XVII hasta mediados del XVIII. Las mejores de estas obras son magníficas. Debido a las preferencias modernas por el teatro de la escuela de Lope, más patentemente original y espontáneo, y a la idea de que una obra que es una refundición de otra anterior es menos digna de estudio que aquella de la que procede, se han publicado muy pocos estudios de altura sobre la obra de los calderonianos, si se exceptúa a Moreto y a Rojas Zorrilla. Una de las tareas más importantes de la investigación futura (y que los hispanistas están por fin empezando a tomarse en serio) es la revalorización del teatro de la escuela calderoniana» *(Ibíd.*, p. 192).
[5] A. A. Parker, «Aproximación al drama español del Siglo de Oro», en M. Durán; R. G. Echevarría, *Calderón y la crítica: Historia y Antología*, Madrid, 1976, 1, pp. 329-357: p. 346.
[6] *Ibíd.*, p. 333.

secuente inaplicabilidad de la verosimilitud realista;
— unidad dramática en el tema, no en la acción;
— subordinación del tema a un propósito moral mediante el principio de la justicia poética («ni virtud sin premio ni crimen impune»);
— elucidación del propósito moral por medio de la causalidad dramática [7].

Calderón, como sustancia de contenido que se desprende de estas formas literarias, expone el sistema moral de una fe teológico-escolástica y estoica [8], pero este discurso suyo se carga de inequívocas connotaciones sociopolíticas: supone también una apuesta en pos del inmovilismo estamental.

II. El propio Don Pedro, aun dentro de su mayor perfección constructiva, participa de los dos modos de comedia barroca. Un especialista como Valbuena lo expone mediante estas palabras:

A través de toda la comedia de Calderón se perfilan dos estilos: uno, en que se estiliza el costumbrismo de Lope, se condensan sus acciones diversificadas, se redondea la forma, se unifica el plan; otro, en que a los elementos de esta primera fase se anteponen una concepción poética o filosófica del drama, la riqueza decorativa, la tendencia lírico-musical. Los dos ejemplos culminantes son:

[7] *Ibíd.,* p. 357.
[8] Valbuena, *Historia...,* pp. 545-546.

del primer estilo *El alcalde de Zalamea;* del segundo, *La vida es sueño.* No importa, estrictamente, la cronología, aunque el primer estilo corresponde más bien a los años iniciales del dramaturgo, y el segundo a los últimos [9].

*El alcalde de Zalamea* pudo ser escrita entre 1642 y 1644 [10]. La trama de la obra («la acción —distingue Alexander Parker— es lo que los incidentes del argumento son en sí mismos; el tema es lo que ellos significan») [11] es ésta, según la aboceta Wilson: «Unas tropas se alojan en Zalamea. Un rico labrador llamado Pedro Crespo aloja en su casa primero a un capitán del ejército, y luego a su general, don Lope de Figueroa. Cuando las tropas abandonan la población, el capitán rapta a la hija de Pedro y la fuerza. Pedro se apodera de la persona del capitán y le suplica que se case con Isabel, pero el capitán se niega a matrimoniar con una muchacha campesina. Crespo, ahora alcalde de Zalamea, hace que le den garrote y se enfrenta con el indigno don Lope, furioso por la pérdida de uno de sus oficiales. La llegada de Felipe II interrumpe este conflicto: Pedro Crespo es nombrado alcalde perpetuo de Zalamea, su hijo sustituye al capitán como oficial de don Lope, y la desdichada Isabel se retira tristemente a un convento» [12].

El propio Parker ha analizado el orden estructural del

[9] *Ibíd.,* p. 572.
[10] Vid. la argumentación de P. Halkhoree, *Calderón de la Barca: El alcalde de Zalamea* ( = Critical Guides to Spanish Texts, 5), Madrid, 1972, pp. 13-18.
[11] *Loc. cit.,* p. 333.
[12] *Op. cit.,* pp. 180-181.

texto, esto es, cómo la acción se encamina causalmente a un fin de justicia poética [13]. De acuerdo con su análisis, el Acto I posee una lógica interna según la cual cada personaje aparece cuando hay que presentar lo que él aporta al tema. Sus seis momentos dramáticos son éstos:

| | |
|---|---|
| I, vv. 1-137: | Los soldados con Rebolledo y la Chispa, |
| I, vv. 137-244: | El capitán, |
| I, vv. 245-422: | Don Mendo, |
| I, vv. 423-556: | Pedro Crespo y su familia, |
| I, vv. 557-776: | Se anuncia el conflicto, |
| I, vv. 777-894: | Don Lope de Figueroa. |

El Acto II también se divide en seis momentos dramáticos, correlativos a su vez entre sí:

| | |
|---|---|
| II, vv. 1-182: | Personajes que representan el desorden (Don Mendo, el Capitán, los soldados), |
| II, vv. 183-390: | Personajes que representan el orden (Crespo, don Lope, Juan, Isabel), |
| II, vv. 391-502: | Riña (Crespo y don Lope ahuyentan a los soldados), |
| II, vv. 503-611: | Personajes que representan el desorden, |
| II, vv. 612-793: | Personajes que representan el orden, |
| II, vv. 793-893: | Riña (rapto de Isabel). |

[13] A. A. Parker, «La estructura dramática de *El alcalde de Zalamea*», en Rizel Pincus Sigele; Gonzalo Sobejano, eds., *Homenaje a Casalduero,* Madrid, 1972, pp. 411-418.

Por fin, igual ocurre con el Acto III. A lo largo de los seis momentos dramáticos, los personajes principales aparecen sucesivamente, y la acción avanza según Pedro Crespo (presente en escena casi desde el principio) se enfrenta con el problema que cada personaje le plantea. Los momentos respectivos son éstos:

III, vv. 1-78:     Isabel,
III, vv. 79-348:   Crespo e Isabel,
III, vv. 349-634:  Crespo y el Capitán,
III, vv. 635-714:  Crespo y Juan,
III, vv. 714-851:  Crespo y don Lope,
III, vv. 851-980:  Crespo y el Rey.

«No es sólo —concluye Parker— que el plan estructural del Acto III es igual al I, sino que los finales son iguales también: en el I la contienda se acaba con la llegada de la autoridad (don Lope); en el III la contienda, que ya abarca no sólo una familia sino toda Zalamea, se acaba con la llegada de la autoridad suprema. Hay una simetría perfecta en toda la obra: el último Acto repite el esquema del primero, y la segunda mitad del Acto II repite el esquema de la primera» [14].

[14] *Ibíd.,* pp. 416-417. «¿Qué tiene que ver esto con el arte? —apostilla el propio Parker—. No podría mantenerse que el valor dramático de *El alcalde de Zalamea* estribe en su estructura simétrica perfectamente equilibrada. Pero ¿no sería temerario afirmar que la vitalidad dramática existe *a pesar de* la simetría estructural? Todo el mundo ha admirado siempre en este drama la ordenación y coherencia de la materia dramática; pero estas cosas no existen, ni las podemos imaginar, fuera de esta estructura. La consistente progresión del tema, la marcha de la acción a pasos seguros y rápidos, existen en la forma en que Calderón nos las ha dado, y no en otra». *(Ibíd.)*

La crítica —además— ha notado que Calderón, al disponer las peripecias de *El Alcalde...*, hace uso del simbolismo luz-tinieblas. La deshonra de Pedro Crespo tiene lugar en la noche, mientras que su restitución ocurre ya de día [15].

III. Calderón dramatiza en *El Alcalde...* el argumento del honor social u honra como patrimonio y bien comparable a la vida.

> La venganza de honor —escribe Menéndez Pidal ilustrando este motivo literario— es la defensa de un bien social que hay que anteponer a la vida propia o de los seres queridos; sólo cede ante el respeto al rey, o sea ante el bien común de la patria; tiene carácter de heroicidad estoica, de deber doloroso, que se cumple con sufrimiento sereno y decidido; el castigo ha de ser diligente y adecuado a la ofensa, público o secreto, según la ofensa sea manifiesta o se halle aún oculta [16].

Creyendo, en efecto, que la honra es comparable a la vida, Pedro Crespo exclama así, al serle arrebatada Isabel:

> ¿Qué importará, si está muerto
> mi honor, el quedar vivo? (II, vv. 840-841),

[15] Vid. para el total del tema de la «disposición» de la obra Halkhoree, pp. 45-50.
[16] R. Menéndez Pidal, «Del honor en el teatro español», en *De Cervantes y Lope de Vega,* Madrid, 1964⁶, pp. 145-173: p. 154.

y ella por su parte le dirá:

> Tu hija soy, sin honra estoy
> y tú libre. Solicita
> con mi muerte tu alabanza,
> para que de ti se diga
> que por dar vida a tu honor,
> diste la muerte a tu hija (III, vv. 275-280).

Calderón, pues, encierra en su obra un alegato en pro de la dignidad y el honor moral de la persona, mas esto forma parte de la creencia estamental que en realidad sustenta. Pedro Crespo, en efecto, fundamenta el honor en su alma, esto es, en Dios (I, vv. 873-876) [17], pero de tejas abajo afirma doctrinariamente la primacía de la sangre, de lo hereditario:

> Pues ¿qué gano yo en comprarle
> una ejecutoria al Rey,
> si no le compro la sangre?
> ¿Dirán entonces que soy
> mejor que ahora? No, es dislate.
> Pues ¿qué dirán? Que soy noble
> por cinco o seis mil reales.
> Y esto es dinero, y no es honra;
> que honra, no la compra nadie
> . . . . . . . . . . . . . . . . . . . . . . . . . . .
>
>                  Villanos fueron
> mis abuelos y mis padres;
> sean villanos mis hijos (I, vv. 497-500, 519-521).

---

[17] «Al Rey la hacienda y la vida / se ha de dar; pero el honor / es patrimonio del alma, / y el alma sólo es de Dios.»

19

«La sangre —explica Maravall a este respecto— es el principio del orden social establecido por férrea convención de los hombres, pero dado que en la herencia hay un elemento natural y que la naturaleza es obra, o mejor, ministro —como a veces se la llama— de Dios, por esa vía el orden de la sociedad viene a quedar anclado en la voluntad divina, como advierte Calderón *(Saber del mal y del bien)*:

> que si las riquezas da
> la fortuna varia, el cielo
> la sangre»[18].

Don Pedro —en consecuencia— reconoce la grandeza nobiliaria del individuo en su honor, a costa de no conceder otro al estado llano, y ve una armonía en la misma raíz del cuerpo social:

> no hubiera un capitán,
> si no hubiera un labrador (I, vv. 769-770).

Este concierto armónico del cuerpo social (elemento ideológico platónico-inmovilista)[19] está asegurado por la Majestad Real como ordenadora suprema; así Calderón puede llegar a defender con su obra la tesis de que la justicia que garantiza el Monarca no tiene por qué atenerse a procedimientos legales:

[18] José Antonio Maravall, *Teatro y literatura en la sociedad barroca,* Madrid, 1972, p. 68.
[19] Cfr. Maravall, *Ibíd.,* pp. 113-114, y Valbuena, *Calderón...,* p. 46.

Toda la justicia vuestra
es sólo un cuerpo, no más.
Si éste tiene muchas manos,
decid, ¿qué más se me da
matar con aquesta un hombre
que estotra había de matar?
Y ¿qué importa errar lo menos
quien acertó lo demás? (III, vv. 917-924).

IV. Se dice corrientemente que *El Alcalde...* es un
drama de honor [20]; nos parece —no obstante— que este
motivo del honor pertenece a la «acción» y no al tema de
la obra. Ésta viene a mostrar, en su sustancia de contenido, que la realeza es última garantía y salvaguardia del
orden social, y lo hereditario el principio constitutivo de
ese orden. Calderón sustenta la dignidad de la persona,
pero en un contexto de creencias sociales retardatarias,
tal como expone el propio Maravall:

La igualdad fundamental de los hombres, dice,
como igualdad de fin y de primer origen —doctrina reforzada en Trento, esencial a la dogmáti-
ca de la comedia, desde Lope a Calderón—... es
un instrumento de inmovilismo o, por lo menos,
en ello se convirtió en los años de la reacción con-
trarreformista. Si, en último término, todos los
hombres somos iguales y esto es lo que importa,
no tienen por qué ocuparnos las diferencias sociales que vienen a quedar sólo en aparentes [21].

[20] Así, por ejemplo, Wilson, *op. cit.,* p. 180.
[21] *Op. cit.,* pp. 114-115.

V. Reunimos a continuación algunas referencias bibliográficas que hemos tenido presentes al redactar estas páginas, orientando con brevedad acerca de su contenido:

PEDRO CALDERÓN DE LA BARCA, *El alcalde de Zalamea,* ed. de Augusto Cortina, *Clásicos Castellanos,* Madrid, 1968 [4].

_____, *Clásicos Castalia,* Madrid, 1976.
Es la edición por la que hemos citado. Deploramos tener que decir que párrafos, datos y citas de su estudio preliminar parecen transcripción de la monografía de Halkhoree luego mencionada.

_____, ed. de A. Valbuena Briones, eds. Cátedra, Madrid, 1977.

HALKHOREE, P., *Calderón de la Barca: «El alcalde de Zalamea»,* Grant and Cutler Ltd., Madrid, 1972.
Monografía de conjunto, útil y estimable como iniciación.

MARAVALL, José Antonio, *La oposición política bajo los Austrias,* Barcelona, 1972.
Este libro completa al que hemos citado de *Teatro y literatura...,* en cuanto señala la pluralidad discursiva de nuestras letras barrocas y su respectivo sentido socio-intelectual.

MENÉNDEZ PIDAL, R., «Del honor en el teatro español», recogido en *De Cervantes y Lope de Vega,* Madrid, 1964 [6], pp. 145-173.
Descripción de este motivo del teatro barroco español.

PARKER, Alexander A., «Aproximación al drama español del Siglo de Oro», en M. Durán; R. González Echevarría, *Calderón y la crítica: Historia y antología,* Madrid, 1976, I, pp. 329-357.
Instructiva propuesta de criterios y advertencias de método para el estudio del drama clásico español.

PARKER, A. A., «La estructura dramática de *El alcalde de Zalamea»,* Homenaje a Casalduero,* Madrid, 1972, pp. 411-418.
Meditado y completo análisis de la «composición» de la obra.

Soons, C. A., «Caracteres e imágenes en *El alcalde de Zalamea*», *Romanische Forschungen,* LXXII, 1960, pp. 104-107.
Breve nota sin especial interés.

Valbuena Briones, A., *Calderón y la «comedia nueva»,* Madrid, 1977.
En distintos pasajes se encuentran sugerencias aprovechables.

Wilson, E. M.; Moir, D., *Siglo de Oro: Teatro* (= R.O. Jones, dir., *Historia de la Literatura Española,* III), Barcelona, 1974.
Panorama de conjunto con datos e ideas de calidad.

# EL PENSAMIENTO TEOLÓGICO-MORAL
# Y POLÍTICO DE «LA VIDA ES SUEÑO»

I. Casi diez años antes de *El alcalde de Zalamea,* Calderón había escrito *La vida es sueño,* que data de 1635; ambas obras son convergentes en el contenido ideológico: en su conjunto sostienen la realidad aparencial de las cosas del mundo, pero apoyan esa realidad señorial cuyo garante último es el Monarca Absoluto [1].

La trama de *La vida es sueño* se compone de dos acciones cuyos protagonistas son Segismundo y Rosaura: ambos «habrán de buscar justicia», como dice William Whitby [2], pero Segismundo gozando de una segunda vida que asume la experiencia de la primera. De la causalidad de las respectivas trayectorias se desprende una justicia poética de la que se vale Calderón para proclamar la tesis que enuncia en el título (por lo que respecta a Segismun-

---

[1] Comp. ampliamente N. Salomon, *Recherches sur le thème paysan dans la «comedia» au temps de Lope de Vega,* Bordeaux, 1965.

[2] W. M. Whitby, «El papel de Rosaura en la estructura de *La vida es sueño*», en M. Durán-R. G. Echevarría, *Calderón y la crítica: Historia y antología,* Madrid, 1976, II, pp. 629-646: p. 632.

do), y la del honor como patrimonio individual (por lo que se refiere a Rosaura). Más allá de *la realidad aparencial y efímera de este mundo todos somos iguales, parece querernos decir don Pedro valiéndose literariamente de la doble acción.*

El honor, en efecto, se nos muestra como estatuto consustancial a la propia vida [3], y así Clotaldo dice a Rosaura (aún vestida de hombre):

> el honor
> es de materia tan frágil
> que con una acción se quiebra,
> o se mancha con un aire
> . . . . . . . . . . . . . . . . . . . . . . .
>
> porque un hombre bien nacido,
> si está agraviado, no vive;
> y supuesto que has venido
> a vengarte de un agravio,
> según tú propio me has dicho,
> no te he dado vida yo,
> porque tú no la has traído;
> que vida infame no es vida [4].

II.  Segismundo, en su primera vida o trayectoria, tiene empañada la razón y es prisionero de lo sensual [5]. Se ahínca en el presente («A rabia me provocas, / cuando la luz del desengaño tocas», dice a Clotaldo) [6], y no lo con-

---

[3] Cfr. Ramón Menéndez Pidal, «Del honor en el teatro español», en *De Cervantes y Lope de Vega,* Madrid, 1964[6], pp. 145-173.

[4] Ed. de Martín de Riquer, Barcelona, 1966[2], pp. 75, 91.

[5] Michele Federico Sciacca, «Verdad y sueño de *La vida es sueño,* de Calderón de la Barca», en Durán-Echevarría, eds., pp. 540-562: p. 547.

[6] Ed. cit., p. 121.

cibe sino ordenado conforme a su gusto, por lo que también exclama a un criado:

> A mí
> todo eso me causa enfado;
> nada me parece justo
> en siendo contra mi gusto [7].

Rosaura (junto con Clotaldo) es el factor que activa la conversión que sufre: de este modo las dos acciones de la trama dramática se unifican formalmente y en su sentido. Esto es, tanto la idea del sueño o vanidad de la vida como la de integridad o igualdad por el honor aparecen poetizadas mediante una convergencia formal que traduce su conexión de sentido.

La conversión de Segismundo supone el abandono del entendimiento de la vida como soberbia por otro que la estima sueño o vanidad [8], y viene movida por el «no se pierde el hacer bien» de Clotaldo y por Rosaura. Segismundo dirá así, al despertar en la torre:

> De todos era señor,
> y de todos me vengaba;
> sólo a una mujer amaba...
> que fue verdad, creo yo,
> en que todo se acabó
> y esto sólo no se acaba [9].

---

[7] *Ibíd.*, p. 112.
[8] Vid. Leopoldo Eulogio Palacios, *«Don Quijote»* y *«La vida es sueño»*, Madrid, 1960, p. 86.
[9] Ed. cit., p. 137.

Antes, la había requebrado en el palacio real, exclamándole:

> No has de ausentarte, espera.
> ¿Cómo quieres dejar desa manera
> a escuras mi sentido? [10]

La unicidad de impulsos de uno y otra ocurrirá en la escena décima de la jornada tercera, manifestándose entonces literariamente la unicidad temática derivada de la doble acción. Rosaura se dirige de este modo a Segismundo:

> Ea, pues, fuerte caudillo,
> a los dos juntos importa
> impedir y deshacer
> estas concertadas bodas:
> a mí, por que no case
> el que mi esposo se nombra,
> y a ti, porque estando juntos
> sus dos estados, no pongan
> con más poder y más fuerza
> en duda nuestra vitoria.
> Mujer, vengo a persuadirte
> al remedio de mi honra;
> y varón, vengo a alentarte
> a que cobres tu corona.
> Mujer, vengo a enternecerte
> cuando a tus plantas me ponga,
> y varón, vengo a servirte
> cuando a tus gentes socorra.
> Mujer, vengo a que me valgas
> en mi agravio y mi congoja,

[10] *Ibíd.,* p. 119.

y varón, vengo a valerte
con mi acero y mi persona.
Y así, piensa que si hoy
como a mujer me enamoras,
como varón te daré
la muerte en defensa honrosa
de mi honor; porque he de ser,
en su conquista amorosa,
mujer para darte quejas,
varón para ganar honras [11].

Tras la conversión experimentada al despertar en la torre, Segismundo pugna por llevar a la práctica (durante todo el resto de la obra) su nueva idea de la vida: realeza, poder, honores, ostentación, ... se le aparecen como fingimientos y vanidades.

III. Calderón se vale de dos acciones dramáticas para poetizar mediante ellas su doble tesis teológico-moral; igualmente, se sirve de la ficción de las dos «vidas» o peripecias de Segismundo para ampliar una de esas tesis hasta lo político.

El motivo que se desprende de la acción de Rosaura es el de la realidad de la dignidad y el honor personal. De la de Segismundo resulta cómo hasta el poder de un rey es transitorio [12], y sólo es verdadero lo que no se acaba: la vida es sueño, y el sueño es al despertar como la vida al morir [13].

Advirtiendo que en los adeptos del maquiavelismo la pasión y la fuerza acaban por dominar sobre la razón y

[11] *Ibíd.*, pp. 169-170.
[12] Palacios, p. 83.
[13] *Ibíd.*, p. 68.

las leyes, el profesor Palacios ha propuesto además entender así la tesis política de *La vida es sueño:*

> Segismundo es la personificación sucesiva de dos grandes... posturas del hombre ante el ejercicio del poder político. La primera es la concepción de la vida como soberbia, y sirve de fondo a toda la primera época de Segismundo, traduciéndose prácticamente en el maquiavelismo con que actúa el príncipe. La segunda es la concepción de la vida como sueño, que logra derrocar a la anterior por el triunfo del desengaño, y sirve de base definitiva a toda la época posterior de Segismundo, inspirando el prudencialismo de su política [14].

Esto se manifiesta literariamente —según hemos dicho— mediante las dos sucesivas peripecias del protagonista del drama [15].

Desde el punto de vista teológico-moral, Segismundo proclama efectivamente la inanidad del mundo; puesto que la vida es sueño —dice— acudamos a lo eterno. Calderón además concibe el mundo como gran teatro (v. 2073) en el que, dada su inconsistencia y fugacidad, «fingimos lo que no somos»: «seamos lo que fingimos», añade, en una toma de postura social inmovilista [16].

---

[14] *Ibíd.,* p. 40. Por prudencialismo ha de entenderse la doctrina que busca acertar tanto en el orden de la intención como en el de la ejecución *(Ibíd.,* p. 22).

[15] Análogamente, Azorín configura en su *Castilla* la idea del eterno retorno mediante variaciones narrativas sucesivas. Para lo literario como forma opaca y construida, vid. por ejemplo las bellas páginas de Jean Paul Sartre en *¿Qué es la literatura?,* Buenos Aires, 1976⁶, pp. 45 ss.

[16] Cfr. J. A. Maravall, *Teatro y literatura en la sociedad barroca,* Madrid, 1972, p. 108.

Al acabar de despertar en la torre, Segismundo expone su nueva imagen de la vida: un sueño, una ficción en la que el mayor bien es pequeño; en este famoso y bello soliloquio, dice así:

> Estamos
> en mundo tan singular,
> que el vivir sólo es soñar;
> y la experiencia me enseña
> que el hombre que vive, sueña
> lo que es, hasta despertar.
>
> Sueña el rey que es rey, y vive
> con este engaño mandando,
> disponiendo y gobernando;
> y este aplauso, que recibe
> prestado, en el viento escribe,
> y en cenizas le convierte
> la muerte, ¡desdicha fuerte!:
> ¿qué hay quien intente reinar,
> viendo que ha de despertar
> en el sueño de la muerte?
>
> Sueña el rico en su riqueza,
> que más cuidados le ofrece;
> sueña el pobre que padece
> su miseria y su pobreza;
> sueña el que a medrar empieza,
> sueña el que afana y pretende,
> sueña el que agravia y ofende,
> y en el mundo, en conclusión,
> todos sueñan lo que son,
> aunque ninguno lo entiende [17].

[17] Ed. cit., pp. 138-139.

Luego, al dirigirse a los soldados que le incitan a que ocupe el trono, dice también:

> ¿Otra vez —¡qué es esto, cielos!—
> queréis que sueñe grandezas
> que ha de deshacer el tiempo?
> ¿Otra vez queréis que vea
> entre sombras y bosquejos
> la majestad y la pompa
> desvanecida del viento?
> . . . . . . . . . . . . . . . . . . . . . . . . . . .
> desengañado ya,
> sé bien que la vida es sueño
> . . . . . . . . . . . . . . . . . . . . . . . . . . .
> cuando fuese cierto,
> es todo el poder prestado
> y ha de volverse a su dueño [18].

Congruentemente, la obra acabará repitiendo la isotopía central enunciada y anunciada por el título:

> Toda la dicha humana,
> en fin, pasa como sueño [19].

Al ser esto así, Segismundo exhorta a acudir a lo eterno:

> ¿Qué pasado bien no es sueño?
> ¿Quién tuvo dichas heroicas
> que entre sí no diga, cuando
> las revuelve en su memoria:
> sin duda que fue soñado
> cuanto vi? Pues si esto toca

[18] *Ibíd.,* pp. 147, 149.
[19] *Ibíd.,* p. 183.

> mi desengaño, si sé
> que es el gusto llama hermosa,
> que le convierte en cenizas
> cualquiera viento que sopla,
> acudamos a lo eterno [20].

A su vez, este más allá transterreno aparece regido por un Dios providente. Basilio y luego Segismundo exclaman, en respectivas escenas:

> son diligencias vanas
> del hombre cuantas dispone
> contra mayor fuerza y causa
> . . . . . . . . . . . . . . . . . . . . . . .
> Sirva de ejemplo este raro
> espectáculo, esta estraña
> admiración, este horror,
> este prodigio; pues nada
> es más, que llegar a ver
> con prevenciones tan varias,
> rendido a mis pies a mi padre
> y atropellado a un monarca.
> Sentencia del cielo fue:
> por más que quiso estorbarla
> él, no pudo,[21]

IV. Edward Wilson ha propuesto también cómo otros temas o motivos de contenido se desprenden de las acciones respectivas de los distintos personajes de *La vida es sueño* [22]. En Basilio se ve al hombre engañado por su

---

[20] *Ibíd.*, p. 171.
[21] *Ibíd.*, pp. 176, 181.
[22] Vid. su artículo *«La vida es sueño»*, en Durán-Echevarría, pp. 300-328.

propio orgullo [23]; Clarín es prototipo de imprudencia; y
por estar seguro de sí mismo muere tratando de evitar la
muerte [24]. De un modo general —concluye Wilson—, Segismundo, Clarín, Basilio y Astolfo «cayeron en el mismo
pecado: en el de confiar demasiado en sí mismos, en su
talento o habilidad; todos consideran como reales las
grandezas del mundo, que son ilusorias, y todos creyeron
que podrían hacer que el futuro se conformara con sus
deseos». Rosaura y Clotaldo, por contra, «se dan cuenta
de las dificultades que habrá que dominar a fuerza de
constancia, de prudencia y desinterés» [25]. Así pues —podemos decir nosotros—, tanto Basilio en definitiva como
Rosaura, protagonistas de las dos acciones de la obra,
representan el hacer prudencialista opuesto al orgullo
maquiavélico.

V. En 1635, Calderón escribe *La vida es sueño*. Concibe en ella el mundo como algo transitorio y aún efíme-
ro encaminado finalistamente a lo eterno: se opone así a
la lógica política maquiavélica. Apuesta además por el
orden estamental establecido, al enseñar que esas diferencias de clase son perecederas, y más allá de ellas el
honor y dignidad personal nos hace a todos iguales.

Años más tarde, en *El alcalde de Zalamea,* subraya de
nuevo (a través del argumento de un caso de honor) la
igualdad fundamental de los hombres, encaminando
también finalistamente su alma a Dios, y al Rey —garan-

---

[23] *Ibíd.,* p. 323 n.
[24] *Ibíd.,* pp. 320, 327.
[25] *Ibíd.,* pp. 327-328.

te último de la sociedad señorial— la hacienda y la vida. Los contenidos de una y otra obra resultan así convergentes y coherentes, y constituyen una muestra destacada de lo que fue la cultura española del Barroco.

VI. Parte de la bibliografía referida a *La vida es sueño* ha sido glosada por R. D. F. Pring-Mill en su artículo «Los calderonistas de habla inglesa y *La vida es sueño*: métodos del análisis temático-estructural», *Litterae Hispanae et Lusitanae,* München, 1968, pp. 369-413. Además, hacemos referencia a las siguientes entradas:

Durán, M.; González Echevarría, R., *Calderón y la crítica: Historia y antología,* Madrid, 1976.

Groupe d'Etudes Sur le Théâtre Espagnol, *Ordre et révolte dans le théâtre espagnol du siècle d'Or,* Toulouse, 1978.
Actas de un coloquio organizado por el G.E.S.T.E. En ellas se incluye —por ejemplo— un artículo de Dominique Quentin-Mauroy, «Révolte et ordre dans *La vida es sueño*», que pese a expresar un propósito filológico riguroso, constituye —nos parece— mera interpretación de ensayo abusivo.

Morón, Ciriaco, «Introducción» a su ed. de *La vida es sueño,* Madrid, 1978 [3].
Páginas a veces agudas, otras más confusas, de útil lectura.

Palacios, L. E., *«Don Quijote»* y *«La vida es sueño»,* Madrid, 1960.
Correcta interpretación de las connotaciones específicamente políticas de la obra.

Riquer, M. de, «Prólogo» a su ed. de *La vida es sueño,* Barcelona, 1966 [2].
Instructiva presentación del argumento, fuentes, figuras estilísticas de la obra, etc.

SCIACCA, M. F., «Verdad y sueño de *La vida es sueño,* de Calderón de la Barca», en Durán-Echevarría, pp. 541-562.
Observaciones bien vistas, varias de las cuales han de tenerse en cuenta.

VV.AA., *España, siglo XVII ( = Historia* 16, extra 12), Madrid, 1979.
Aunque trabajo periodístico y sin notas, resulta instructivo para hacerse cargo de los rasgos y el sentido de la cultura barroca, y de la pluralidad de discursos producidos en ella. Interesan quizá especialmente (y pueden leerse por este orden) las colaboraciones de Maravall, Julio Caro Baroja y Jean Vilar.

WHITBY, W. M., «El papel de Rosaura en la estructura de *La vida es sueño»,* en Durán-Echevarría, pp. 629-646.
Observaciones certeras, aunque completables y matizables.

WILSON, E. M., *La vida es sueño,* en Durán-Echevarría, pp. 300-328.
Buen artículo, con detenimiento en las denotaciones ideológicas de la obra.

# EL ALCALDE DE ZALAMEA

## PERSONAJES

EL REY FELIPE II
DON LOPE DE FIGUEROA
DON ÁLVARO DE ATAIDE, capitán
UN SARGENTO
LA CHISPA
REBOLLEDO, soldado
PEDRO CRESPO, labrador, viejo
JUAN, hijo de Pedro Crespo
ISABEL, hija de Pedro Crespo
INÉS, prima de Isabel
DON MENDO, hidalgo
NUÑO, su criado
UN ESCRIBANO

SOLDADOS
UN TAMBOR
LABRADORES
ACOMPAÑAMIENTO

La escena en Zalamea y sus inmediaciones

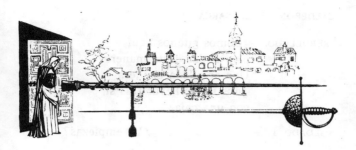

## ACTO PRIMERO

### ESCENA I

*Campo cercano a Zalamea*

REBOLLEDO, CHISPA, SOLDADOS

REBOLLEDO.— ¡Cuerpo de Cristo con quien
desta suerte hace marchar
de un lugar a otro lugar
sin dar un refresco!

TODOS.—                              Amén.

REBOLLEDO.— ¿Somos gitanos aquí
para andar desta manera?
Una arrollada bandera
¿nos ha de llevar tras sí,
con una caja ...

SOLDADO 1.º.—                 ¿Ya empiezas?

REBOLLEDO.—...Que este rato que calló,
nos hizo merced de no
rompernos estas cabezas?

SOLDADO 2.º.—No muestres deso pesar,
si ha de olvidarse, imagino,
el cansancio del camino
a la entrada del lugar.

REBOLLEDO.— ¿A qué entrada, si voy muerto?
Y aunque llegue vivo allá,
sabe mi Dios si será
para alojar; pues es cierto
llegar luego al comisario
los alcaldes a decir
que si es que se pueden ir,
que darán lo necesario.
Responderles, lo primero,
que es imposible, que viene
la gente muerta; y si tiene
el concejo algún dinero,
decir: "Señores soldados:
orden hay que no paremos;
luego al instante marchemos."
Y nosotros, muy menguados,
a obedecer al instante

orden que es, en caso tal,
para él orden monacal,
y para mí mendicante.
Pues, ¡voto a Dios!, que si llego
esta tarde a Zalamea,
y pasar de allí desea
por diligencia o por ruego,
que ha de ser sin mí la ida;
pues no, con desembarazo,
será el primer tornillazo
que habré yo dado en mi vida.

SOLDADO 1.º.—Tampoco será el primero
que haya la vida costado
a un miserable soldado;
y más hoy, si considero
que es el cabo desta gente
don Lope de Figueroa,
que si tiene fama y loa
de animoso y de valiente,
la tiene también de ser
el hombre más desalmado,
jurador y renegado
del mundo, y que sabe hacer
justicia del más amigo,
sin fulminar el proceso.

REBOLLEDO.—¿Ven ustedes todo eso?
Pues haré lo que yo digo.

SOLDADO 2.º.—¿Deso un soldado blasona?

REBOLLEDO.—Por mí muy poco me inquieta;
pero por esa pobreta,
que viene tras la persona...

CHISPA.—Seor Rebolledo, por mí
voacé no se aflija, no;
que, como ya sabe, yo
barbada el alma nací,
y ese temor me deshonra;
pues no vengo yo a servir
menos que para sufrir
trabajos con mucha honra;
que para estarme en rigor,
regalada, no dejara
en mi vida, cosa es clara,
la casa del regidor,
donde todo sobra, pues
al mes mil regalos vienen;
que hay regidores que tienen
mesa franca con el mes.
Y pues, al venir aquí,
a marchar y padecer
con Rebolledo, sin ser
postema, me resolví,
por mí ¿en qué duda o repara?

REBOLLEDO.— ¡Viven los cielos, que eres
corona de las mujeres!

SOLDADO 2.º.—Aquesa es verdad bien clara.
¡Viva la Chispa!

REBOLLEDO.—                    ¡Reviva!
Y más si por divertir
esta fatiga de ir
cuesta abajo y cuesta arriba,
con su voz al aire inquieta
una jácara o canción.

CHISPA.—Responda a esa petición
　　　　citada la castañeta.

REBOLLEDO.— Y yo ayudaré también .
　　　　Sentencien los camaradas
　　　　todas las partes citadas.

SOLDADO 1.º.—¡Vive Dios, que ha dicho bien!
　　　　*(Cantan Rebolledo y la Chispa.)*

CHISPA.—"Yo soy titiri, titiri, tina,
　　　　flor de la jacarandina."

REBOLLEDO.—"Yo soy titiri, titiri, taina,
　　　　flor de la jacarandaina."

CHISPA.—"Vaya a la guerra el alférez,
　　　　y embárquese el capitán."

REBOLLEDO.—"Mate moros quien quisiere,
　　　　que a mí no me han hecho mal."

CHISPA.—"Va y venga la tabla al horno,
　　　　y a mí no me falte pan."

REBOLLEDO.—"Huésped, mate una gallina;
　　　　que el carnero me hace mal."

SOLDADO 1.º.—Aguarda; que ya me pesa,
　　　　que íbamos entretenidos
　　　　en nuestros mismos oídos,
　　　　de haber llegado a ver esa
　　　　torre, pues es necèsario
　　　　que donde paremos sea.

REBOLLEDO.— ¿Es aquélla Zalamea?

CHISPA.—Dígalo su campanario.
　　　　No sienta tanto voacé

que cese el cántico ya:
mil ocasiones habrá
en que lograrle, porque
esto me divierte tanto,
que como de otras no ignoran
que a cada cosita lloran,
yo a cada cosita canto,
y oirá usted jácaras ciento.

REBOLLEDO.— Hagamos alto aquí, pues
justo, hasta que venga, es,
con la orden el sargento,
por si hemos de entrar marchando
y en tropas.

SOLDADO 1.º.— Él solo es quien
llega ahora; mas también
el capitán esperando
está.


## ESCENA II

### EL CAPITÁN, EL SARGENTO, REBOLLEDO, CHISPA, SOLDADOS


CAPITÁN.— Señores soldados,
albricias puedo pedir:
de aquí no hemos de salir,
y hemos de estar alojados
hasta que don Lope venga

con la gente que quedó
en Llerena; que hoy llegó
orden de que se prevenga
toda, y no salga de aquí
a Guadalupe hasta que
junto todo el tercio esté,
y él vendrá luego; y así,
del cansancio bien podrán
descansar algunos días.

REBOLLEDO.—Albricias pedir podías.

TODOS.— ¡Vítor nuestro capitán!

CAPITÁN.—Ya está hecho el alojamiento:
el comisario irá dando
boletas, como llegando
fueren.

CHISPA.—        Hoy saber intento
por qué dijo, voto a tal,
aquella jacarandina:
"Huésped, mate una gallina;
que el carnero me hace mal." *(Vanse.)*


## ESCENA III

### *Calle*

EL CAPITÁN, EL SARGENTO

CAPITÁN.—Señor sargento: ¿ha guardado
las boletas para mí,
que me tocan?

SARGENTO.— Señor, sí.

CAPITÁN.— ¿Y dónde estoy alojado?

SARGENTO.— En la casa de un villano,
que el hombre más rico es
del lugar, de quien después
he oído que es el más vano
hombre del mundo, y que tiene
más pompa y más presunción
que un infante de León.

CAPITÁN.— Bien a un villano conviene,
rico, aquesa vanidad.

SARGENTO.— Dicen que ésta es la mejor
casa del lugar, señor;
y si va a decir verdad,
yo la escogí para ti,
no tanto porque lo sea
como porque en Zalamea
no hay tan bella mujer...

CAPITÁN.— Di.

SARGENTO.— Como una hija suya.

CAPITÁN.— Pues
por muy hermosa y muy vana,
¿será más que una villana
con malas manos y pies?

SARGENTO.— ¿Que haya en el mundo quien diga
eso?

CAPITÁN.— ¿Pues no, mentecato?

SARGENTO.— ¿Hay más bien gastado rato,
    a quien amor no le obliga,
    sino ociosidad no más,
    que el de una villana, y ver
    que no acierta a responder
    a propósito jamás?

CAPITÁN.—Cosa es que en toda mi vida,
    ni aun de paso me agradó;
    porque en no mirando yo
    aseada y bien prendida
    una mujer, me parece
    que no es mujer para mí.

SARGENTO.—Pues para mí, señor, sí,
    cualquiera que se me ofrece.
    Vamos allá; que por Dios,
    que me pienso entretener
    con ella.

CAPITÁN.—    ¿Quieres saber
    cuál dice bien de los dos?
    El que una belleza adora,
    dijo, viendo a la que amó:
    "Aquélla es mi dama", y no:
    "Aquélla es mi labradora".
    Luego si dama se llama
    la que se ama, claro es ya
    que en una villana está
    vendido el nombre de dama.
    Mas ¿qué ruido es ése?

SARGENTO.—    Un hombre,
    que de un flaco rocinante

a la vuelta desa esquina
se apeó, y en rostro y talle
parece aquel don Quijote,
de quien Miguel de Cervantes
escribió las aventuras.

CAPITÁN.— ¡Qué figura tan notable!

SARGENTO.— Vamos, señor; que ya es hora.

CAPITÁN.— Lléveme el sargento antes
a la posada la ropa,
y vuelta luego a avisarme. *(Vanse.)*


ESCENA IV

DON MENDO, NUÑO


DON MENDO.— ¿Cómo va el rucio?

NUÑO.—                           Rodado,
pues no puede menearse.

DON MENDO.— ¿Dijiste al lacayo, di,
que un rato le pasease?

NUÑO.— ¡Qué lindo pienso!

DON MENDO.—                      No hay cosa
que tanto a un bruto descanse.

NUÑO.— Aténgome a la cebada.

DON MENDO.— ¿Y que a los galgos no aten,
dijiste?

NUÑO.—                 Ellos se holgarán;
           mas no el carnicero.

DON MENDO.—                         Baste;
           y pues han dado las tres,
           cálzome palillo y guantes.

NUÑO.— ¿Si te prenden el palillo
           por palillo falso?

DON MENDO.—               Si alguien,
           que no he comido un faisán,
           dentro de sí imaginare,
           que allá dentro de sí miente
           aquí y en cualquiera parte
           le sustentaré.

NUÑO.—                 ¿Mejor
           no sería sustentarme
           a mí que al otro? Que en fin
           te sirvo.

DON MENDO.—           ¡Qué necedades!
           En efecto, ¿que han entrado
           soldados aquesta tarde
           en el pueblo?

NUÑO.—               Sí, señor.

DON MENDO.—Lástima da el villanaje
           con los huéspedes que espera.

NUÑO.— Más lástima da y más grande
           con los que no espera...

DON MENDO.—                         ¿Quién?

NUÑO.—La hidalguez; y no te espante;
          que si no alojan, señor,
          en casa de hidalgo a nadie,
          ¿por qué piensas que es?

DON MENDO.—                    ¿Por qué?

NUÑO.—Porque no se mueran de hambre.

DON MENDO.—En buen descanso esté el alma
          de mi buen señor y padre,
          pues en fin me dejó una
          ejecutoria tan grande,
          pintada de oro y azul,
          exención de mi linaje.

NUÑO.—Tomáramos que dejara
          un poco del oro aparte.

DON MENDO.—Aunque si reparo en ello,
          y si va a decir verdades,
          no tengo que agradecerle
          de que hidalgo me engendrase,
          porque yo no me dejara
          engendrar, aunque él porfiase,
          si no fuera de un hidalgo,
          en el vientre de mi madre.

NUÑO.—Fuera de saber difícil.

DON MENDO.—No fuera sino muy fácil.

NUÑO.—¿Cómo, señor?

DON MENDO.—                    Tú, en efecto,
          fisolosía no sabes,
          y así ignoras los principios.

NUÑO.—Sí, mi señor, y aun los antes
　　　　y postres, desde que como
　　　　contigo; y es, que al instante,
　　　　mesa divina es tu mesa,
　　　　sin medios, postres ni antes.

DON MENDO.—Yo no digo esos principios.
　　　　Has de saber que el que nace,
　　　　sustancia es del alimento
　　　　que antes comieron sus padres.

NUÑO.—¿Luego tus padres comieron?
　　　　Esa maña no heredaste.

DON MENDO.—Esto también se convierte
　　　　en su propia carne y sangre:
　　　　luego si hubiera comido
　　　　el mío cebolla, al instante
　　　　me hubiera dado el olor,
　　　　y hubiera dicho yo: "Tate,
　　　　que no me está bien hacerme
　　　　de excremento semejante."

NUÑO.—Ahora digo que es verdad...

DON MENDO.—¿Qué?

NUÑO.—　　　　Que adelgaza la hambre
　　　　los ingenios.

DON MENDO.—　　　　　Majadero,
　　　　¿téngola yo?

NUÑO.—　　　　　　No te enfades;
　　　　que si no la tienes, puedes
　　　　tenerla, pues de la tarde

son ya las tres, y no hay greda
que mejor las manchas saque,
que tu saliva y la mía.

DON MENDO.—Pues ésa, ¿es causa bastante
para tener hambre yo?
Tengan hambre los gañanes;
que no somos todos unos;
que a un hidalgo no le hace
falta de comer.

NUÑO.—                    ¡Oh, quién fuera
hidalgo!

DON MENDO.—          Y más no me hables
desto, pues ya de Isabel
vamos entrando en la calle.

NUÑO.—¿Por qué, si de Isabel eres
tan firme y rendido amante,
a su padre no la pides?
Pues con eso tú y su padre
remediaréis de una vez
entrambas necesidades:
tú comerás, y él hará
hidalgos sus nietos.

DON MENDO.—                    No hables
más, Nuño, en eso. ¿Dineros
tanto habían de postrarme,
que a un hombre llano por suegro
había de admitir?

NUÑO.—              Pues antes
pensé que ser hombre llano

para suegro, era importante;
pues de otros dicen que son
tropezones en que caen
los yernos. Y si no has
de casarte, ¿por qué haces
tantos extremos de amor?

DON MENDO.— ¿Pues no hay, sin que yo me case,
Huelgas en Burgos, adonde
llevarla, cuando me enfade?
Mira si acaso la ves.

NUÑO.— Temo, si acierta a mirarme
Pedro Crespo...

DON MENDO.—                    ¿Qué ha de hacerte,
siendo mi criado, nadie?
Haz lo que manda tu amo.

NUÑO.— Sí haré, aunque no he de sentarme
con él a la mesa.

DON MENDO.—                    Es propio
de los que sirven, refranes.

NUÑO.— Albricias, que con su prima
Inés a la reja sale.

DON MENDO.— Di que por el bello oriente,
coronado de diamantes,
hoy, repitiéndose el sol,
amanece por la tarde.

## ESCENA V

ISABEL e INÉS, *a una ventana, y dichos*

INÉS.—Asómate a esa ventana,
prima, así el cielo te guarde:
Verás los soldados que entran
en el lugar.

ISABEL.—          No me mandes
que a la ventana me ponga,
estando este hombre en la calle,
Inés, pues ya cuánto el verle
en ella me ofende sabes.

INÉS.—En notable tema ha dado
de servirte y festejarte.

ISABEL.—No soy más dichosa yo.

INÉS.—A mi parecer, mal haces
de hacer sentimiento desto.

ISABEL.—Pues ¿qué habría de hacer?

INÉS.—                    Donaire.

ISABEL.—¿Donaire de los disgustos?

DON MENDO.—*(Llegando a la ventana.)*
Hasta aqueste mismo instante,
jurara yo, a fe de hidalgo,
que es juramento inviolable,

que no había amanecido;
mas ¿qué mucho que lo extrañe,
hasta que a vuestras auroras
segundo día les sale?

ISABEL.—Ya os he dicho muchas veces,
señor Mendo, cuán en balde
gastáis finezas de amor,
locos extremos de amante
haciendo todos los días
en mi casa y en mi calle.

DON MENDO.—Si las mujeres hermosas
supieran cuánto las hace
más hermosas el enojo,
el rigor, desdén y ultraje,
en su vida gastarían
más afeite que enojarse.
Hermosa estáis, por mi vida.
Decid, decid más pesares.

ISABEL.—Cuando no baste el decirlos,
don Mendo, el hacerlos baste
de aquesta manera. Inés,
éntrate acá dentro, y dale
con la ventana en los ojos. *(Vase.)*

INÉS.—Señor caballero andante,
que de aventurero entráis
siempre en lides semejantes,
porque de mantenedor
no era para vos tan fácil,
amor os provea. *(Vase.)*

DON MENDO.— Inés...
          Las hermosuras se salen
          con cuanto ellas quieren, Nuño.

   NUÑO.— ¡Oh, qué desairados nacen
          todos los pobres!


## ESCENA VI

PEDRO CRESPO; *después,* JUAN CRESPO, *y dichos*


   CRESPO.—*(Aparte.)*          ¡Que nunca
          entre y salga yo en mi calle,
          que no vea a este hidalgote
          pasearse en ella muy grave!

   NUÑO.—*(Aparte a su amo.)*
          Pedro Crespo viene aquí.

DON MENDO.— Vamos por esotra parte,
          que es villano malicioso. *(Sale Juan
                                      Crespo.)*

   JUAN.—*(Aparte.)*
          ¡Que siempre que venga, halle
          esta fantasma a mi puerta,
          calzada de frente y guantes!

   NUÑO.—*(Aparte a su amo.)*
          Pero acá viene su hijo.

DON MENDO.— No te turbes ni embaraces.

CRESPO.—*(Aparte.)*
Mas Juanico viene aquí.

JUAN.—*(Aparte.)*
Pero aquí viene mi padre.

DON MENDO.—*(Aparte a Nuño.)*
Disimula. Pedro Crespo,
Dios os guarde.

CRESPO.— Dios os guarde. *(Vanse
don Mendo y Nuño.)*


## ESCENA VII

### PEDRO Y JUAN CRESPO

CRESPO.—*(Aparte.)*
Él ha dado en porfiar,
y alguna vez he de darle
de manera que le duela.

JUAN.—*(Aparte.)* Algún día he de enojarme.
¿De dónde bueno, señor?

CRESPO.— De las eras; que esta tarde
salí a mirar la labranza,
y están las parvas notables
de manojos y montones,
que parecen al mirarse
desde lejos montes de oro,
y aun oro de más quilates,
pues de los granos de aqueste

es todo el cielo el contraste.
Allí, el bieldo, hiriendo a soplos
el viento en ellos süave,
deja en esta parte el grano
y la paja en la otra parte;
que aun allí lo más humilde
da el lugar a lo más grave.
¡Oh, quiera Dios que en las trojes
ya llegue a encerrarlo, antes
que algún turbión me lo lleve,
o algún viento me lo tale!
Tú, ¿qué has hecho?

JUAN.—                    No sé cómo
decirlo sin enojarte.
A la pelota he jugado
dos partidos esta tarde,
y entrambos los he perdido.

CRESPO.— Haces bien, si los pagaste.

JUAN.— No los pagué; que no tuve
dineros para ello; antes
vengo a pedirte, señor...

CRESPO.— Pues escucha antes de hablarme.
Dos cosas no has de hacer nunca:
no ofrecer lo que no sabes
que has de cumplir, ni jugar
más de lo que está delante;
porque si por accidente
falta, tu opinión no falte.

JUAN.— El consejo es como tuyo;
y porque debo estimarle,
he de pagarte con otro:

En tu vida no has de darle
consejo al que ha menester
dinero.

CRESPO.—         Bien te vengaste. *(Vanse.)*


## ESCENA VIII

*Patio o portal de la casa de Pedro Crespo*

CRESPO, JUAN, EL SARGENTO

SARGENTO.— ¿Vive Pedro Crespo aquí?

CRESPO.— ¿Hay algo que usted le mande?

SARGENTO.— Traer a su casa la ropa
de don Álvaro de Ataide,
que es el capitán de aquesta
compañía, que esta tarde
se ha alojado en Zalamea.

CRESPO.— No digáis más: eso baste,
que para servir a Dios
y al rey en sus capitanes
están mi casa y mi hacienda.
Y en tanto que se le hace
el aposento, dejad
la ropa en aquella parte,
e id a decirle que venga
cuando su merced mandare
a que se sirva de todo.

SARGENTO.— Él vendrá luego al instante. *(Vase.)*

## ESCENA IX

### CRESPO, JUAN

JUAN.— ¿Que quieras, siendo tan rico,
vivir a estos hospedajes
sujeto?

CRESPO.— Pues, ¿cómo puedo
excusarlos ni excusarme?

JUAN.—Comprando una ejecutoria.

CRESPO.—Dime, por tu vida : ¿hay alguien
que no sepa que yo soy,
si bien limpio de linaje,
hombre llano? No por cierto :
pues ¿qué gano yo en comprarle
una ejecutoria al rey,
si no le compro la sangre?
¿Dirán entonces que soy
mejor que ahora? Es dislate.
Pues ¿qué dirán? Que soy noble
por cinco o seis mil reales.
Y eso es dinero, y no es honra :
que honra no la compra nadie.
¿Quieres, aunque sea trivial,
un ejemplillo escucharme?
Es calvo un hombre mil años,
y al cabo dellos se hace

una cabellera. Éste,
en opiniones vulgares,
¿deja de ser calvo? No.
Pues que dicen al mirarle:
"¡Bien puesta la cabellera
trae Fulano!" Pues ¿qué hace,
si aunque no le vean la calva,
todos que la tiene saben?

JUAN.—Enmendar su vejación,
remediarse de su parte,
y redimir las molestias
del sol, del hielo y del aire.

CRESPO.—Yo no quiero honor postizo,
que el defecto ha de dejarme
en casa. Villanos fueron
mis abuelos y mis padres;
sean villanos mis hijos.
Llama a tu hermana.

JUAN.—                    Ella sale.

ESCENA X

ISABEL, INÉS; CRESPO, JUAN

CRESPO.—Hija, el rey nuestro señor,
que el cielo mil años guarde,
va a Lisboa, porque en ella

necesita coronarse
como legítimo dueño:
a cuyo efecto, marciales
tropas caminan con tantos
aparatos militares
hasta bajar a Castilla
el tercio viejo de Flandes
con un don Lope, que dicen
todos que es español Marte.
Hoy han de venir a casa
soldados, y es importante
que no te vean; y así, hija,
al punto has de retirarte
en esos desvanes, donde
yo vivía.

ISABEL.—    A suplicarte
me dieses esta licencia
venía. Yo sé que estarme
aquí es estar solamente
a escuchar mil necedades.
Mi prima y yo en ese cuarto
estaremos, sin que nadie,
ni aun el mismo sol, hoy sepa
de nosotras.

CRESPO.—    Dios os guarde.
Juanito, quédate aquí;
recibe a huéspedes tales,
mientras busco en el lugar
algo con que regalarles. *(Vase.)*

ISABEL.—Vamos, Inés.

INÉS.— Vamos, prima;
mas tengo por disparate
el guardar a una mujer,
si ella no quiere guardarse. *(Vanse Isa-*
*[bel e Inés.)*


## ESCENA XI

CAPITÁN, EL SARGENTO; JUAN


SARGENTO.—Ésta es, señor, la casa.

CAPITÁN.—Pues del cuerpo de guardia al punto
toda mi ropa. [pasa.

SARGENTO.—*(Aparte al capitán.)*
Quiero
registrar la villana lo primero. *(Vase.)*

JUAN.—Vos seáis bien venido
a aquesta casa; que ventura ha sido
grande venir a ella un caballero
tan noble como en vos lo considero.
*(Aparte.)* ¡Qué galán! ¡Qué alentado!
Envidia tengo al traje de soldado.

CAPITÁN.—Vos seáis bien hallado.

JUAN.—Perdonaréis no estar acomodado;
que mi padre quisiera
que hoy un alcázar esta casa fuera.

Él ha ido a buscaros
que comáis; que desea regalaros.
Y yo voy a que esté vuestro aposento
aderezado.

CAPITÁN.— Agradecer intento
la merced y el cuidado.

JUAN.—Estaré siempre a vuestros pies postrado.
*(Vase.)*


ESCENA XII

EL SARGENTO; EL CAPITÁN


CAPITÁN.—¿Qué hay, sargento? ¿Has ya visto
a la tal labradora?

SARGENTO.— ¡Vive Cristo!,
que con aqueste intento,
no he dejado cocina ni aposento,
y no la he encontrado.

CAPITÁN.—Sin duda el villanchón la ha retirado.

SARGENTO.—Pregunté a una criada
por ella, y respondióme que ocupada
su padre la tenía
en ese cuarto alto, y que no había
de bajar nunca acá; que es muy celoso.

CAPITÁN.—¿Qué villano no ha sido malicioso?
Si acaso aquí la viera,
della caso no hiciera;

y sólo porque el viejo la ha guardado,
deseo, vive Dios, de entrar me ha dado
donde está.

SARGENTO.— Pues ¿qué haremos
para que allá, señor, con causa entremos
sin dar sospecha alguna?

CAPITÁN.— Sólo por tema la he de ver, y una
industria he de buscar.

SARGENTO.— Aunque no sea
de mucho ingenio, para quien la vea
hoy, no importará nada;
que con eso será más celebrada.

CAPITÁN.— Óyela, pues, ahora.

SARGENTO.— Di ¿qué ha sido?

CAPITÁN.— Tú has de fingir... Mas no; pues ha
[venido
ese soldado, que es más despejado.
Él fingirá mejor lo que he trazado.
*(Entra Rebolledo.)*


ESCENA XIII

REBOLLEDO, LA CHISPA Y DICHOS


REBOLLEDO.—*(A la Chispa.)*
Con este intento vengo
a hablar al capitán, por ver si tengo
dicha en algo.

CHISPA.— Pues háblale de modo
que le obligues; que en fin no ha de ser
desatino y locura [todo

REBOLLEDO.— Préstame un poco tú de tu cordura.

CHISPA.— Poco y mucho pudiera.

REBOLLEDO.— *(Adelántase.)*
Mientras hablo con él, aquí me espera.
Yo vengo a suplicarte...

CAPITÁN.— En cuanto puedo
ayudaré, por Dios, a Rebolledo,
porque me ha aficionado
su despejo y su brío.

SARGENTO.— Es gran soldado.

CAPITÁN.— Pues ¿qué hay que se ofrezca?

REBOLLEDO.— Yo he perdido
cuanto dinero tengo y he tenido
y he de tener, porque de pobre juro
en presente, pretérito y futuro.
Hágaseme merced de que, por vía
de ayudilla de costa, aqueste día
el alférez me dé...

CAPITÁN.— Diga: ¿qué intenta?

REBOLLEDO.— El juego del boliche por mi cuenta;
que soy hombre cargado
de obligaciones, y hombre al fin hon-
[rado

CAPITÁN.— Digo que eso es muy justo,
y el alférez sabrá que ése es mi gusto.

CHISPA.—*(Aparte.)*
Bien habla el capitán. ¡Oh, si me viera
llamar de todos yo la Bolichera!

REBOLLEDO.—Daréle ese recado.

CAPITÁN.—                    Oye, primero
que le lleves. De ti fiarme quiero
para cierta invención que he imaginado,
con que salir espero de un cuidado.

REBOLLEDO.—Pues ¿qué es lo que se aguarda?
Lo que tarda en saberse es lo que tarda
en hacerse.

CAPITÁN.—                    Escúchame. Yo intento
subir a ese aposento,
por ver si en él una persona habita
que de mí hoy esconderse solicita.

REBOLLEDO.—Pues ¿por qué a él no subes?

CAPITÁN.—                              No quisiera
sin que alguna color para esto hubiera,
por disculparlo más; y así fingiendo
que yo riño contigo, has de irte huyendo
por ahí arriba. Entonces, yo, enojado
la espada sacaré; tú, muy turbado,
has de entrarte hasta donde
la persona que busco se me esconde.

REBOLLEDO.—Bien informado quedo.

CHISPA.—*(Aparte.)*
Pues habla el capitán con Rebolledo
hoy de aquella manera,
desde hoy me llamarán la Bolichera.

REBOLLEDO.—*(Alzando la voz.)*

¡Vive Dios, que han tenido
esta ayuda de costa que he pedido,
un ladrón, un gallina y un cuitado!
Y ahora que la pide un hombre hon-
¡no se la dan!                    [rado,

CHISPA.—*(Aparte.)*        Ya empieza su tronera.

GAPITÁN.—Pues ¿cómo me habla a mí desa ma-
[nera?

REBOLLEDO.— ¿No tengo que enojarme
cuando tengo razón?

CAPITÁN.—                    No, ni ha de hablarme.
Y agradezca que sufro aqueste exceso.

REBOLLEDO.—Ucé es mi capitán; sólo por eso
callaré; mas por Dios, que si tuviera
la bengala en la mano...

CAPITÁN.—*(Echando mano a la espada.)*
¿Qué me hiciera?

CHISPA.—Tente, señor. *(Aparte.)* Su muerte con-
[sidero.

REBOLLEDO.—Que me hablara mejor.

CAPITÁN.— ¿Qué es lo que espero,
que no doy muerte a un pícaro atrevi-
[do?
*(Desenvaina.)*

REBOLLEDO.—Huyo, por el respeto que he tenido
a esa insignia.

CAPITÁN.—                Aunque huyas
te he de matar.

CHISPA.—                    Ya él hizo de las suyas.

SARGENTO.— Tente, señor.

CHISPA.—                 Escucha.

SARGENTO.—                          Aguarda, espera.

CHISPA.—Ya no me llamarán la Bolichera.
*(Vase el capitán corriendo tras Rebolle-
do, el sargento tras el capitán. Sale Juan
con la espada y después su padre.)*


ESCENA XIV

JUAN, CRESPO; LA CHISPA


JUAN.—Acudid todos presto.

CRESPO.— ¿Qué ha sucedido aquí?

JUAN.—                          ¿Qué ha sido esto?

CHISPA.—Que la espada ha sacado
el capitán aquí para un soldado,
y, esa escalera arriba,
sube tras él.

CRESPO.—                 ¿Hay suerte más esquiva?

CHISPA.—Subid todos tras él.

JUAN.—*(Aparte.)*            Acción fue vana
esconder a mi prima y a mi hermana.
*(Vanse.)*

71

## ESCENA XV

*Cuarto alto de la misma casa*

REBOLLEDO, *huyendo, y se encuentra con* ISABEL *e* INÉS; *después, el* CAPITÁN *y el* SARGENTO


REBOLLEDO.— Señoras, pues siempre ha sido
    sagrado el que es templo, hoy
    sea mi sagrado aquéste,
    puesto que es templo de amor.

ISABEL.— ¿Quién a huir desa manera
    os obliga?

INÉS.—               ¿Qué ocasión
    tenéis de entrar hasta aquí?

ISABEL.— ¿Quién os sigue o busca?
            *(Salen el capitán y el sargento.)*

CAPITÁN.—                     Yo.
    Que tengo que dar la muerte
    al pícaro, ¡vive Dios!
    Si pensase...

ISABEL.—            Deteneos,
    siquiera porque, señor,
    vino a valerse de mí;
    que los hombres como vos
    han de amparar las mujeres,

si no por lo que ellas son,
porque son mujeres : que esto
basta, siendo vos quien sois.

CAPITÁN.—No pudiera otro sagrado
librarle de mi furor,
sino vuestra gran belleza :
por ella vida le doy.
Pero mirad que no es bien
en tan precisa ocasión
hacer vos el homicidio
que no queréis que haga yo.

ISABEL.—Caballero, si cortés
ponéis en obligación
nuestras vidas, no zozobre
tan presto la intercesión.
Que dejéis este soldado
os suplico ; pero no
que cobréis de mí la deuda
a que agredecida estoy.

CAPITÁN.—No sólo vuestra hermosura
es de rara perfección,
pero vuestro entendimiento
lo es también, porque hoy en vos
alianza están jurando
hermosura y discreción.

## ESCENA XVI

CRESPO y JUAN, *con espadas desnudas;*
*la* CHISPA, *y dichos*

CRESPO.— ¿Cómo es eso, caballero?
Cuando pensó mi temor
hallaros matando un hombre,
os hallo...

ISABEL.—*(Aparte.)* ¡Válgame Dios!

CRESPO.— ¿Requebrando una mujer?
Muy noble, sin duda, sois,
pues que tan presto se os pasan
los enojos.

CAPITÁN.— Quien nació
con obligaciones, debe
acudir a ellas, y yo
al respeto desta dama
suspendí todo el furor.

CRESPO.—Isabel es hija mía,
y es labradora, señor,
que no dama.

JUAN.—*(Aparte.)* ¡Vive el cielo,
que todo ha sido invención
para haber entrado aquí!
Corrido en el alma estoy
de que piensen que me engañan,

y no ha de ser. *(Alto.)* Bien, señor
capitán, pudierais ver
con más segura atención
lo que mi padre desea
hoy serviros, para no
haberle hecho este disgusto.

CRESPO.— ¿Quién os mete en eso a vos,
rapaz? ¿Qué disgusto ha habido?
Si el soldado le enojó,
¿no habría de ir tras él? Mi hija
estima mucho el favor
del haberle perdonado,
y el de su respeto yo.

CAPITÁN.—Claro está que no habrá sido
otra causa, y ved mejor
lo que decís.

JUAN.—                    Yo lo he visto
muy bien.

CRESPO.—              Pues ¿cómo habláis vos
así?

CAPITÁN.—    Porque estáis delante,
más castigo no le doy
a este rapaz.

CRESPO.—                Detened,
señor capitán : que yo
puedo tratar a mi hijo
como quisiere, y no vos.

JUAN.—Y yo sufrirlo a mi padre,
mas a otra persona, no.

75

CAPITÁN.— ¿Qué habíais de hacer?

JUAN.—                              Perder
la vida por la opinión.

CAPITÁN.— ¿Qué opinión tiene un villano?

JUAN.— Aquella misma que vos;
que no hubiera un capitán
si no hubiera un labrador.

CAPITÁN.— ¡Vive Dios, que ya es bajeza
sufrirlo!

CRESPO.—                Ved que yo estoy
de por medio. *(Sacan las espadas.)*

REBOLLEDO.—                    ¡Vive Cristo,
Chispa, que ha de haber hurgón!

CHISPA.—*(Voceando.)*
¡Aquí del cuerpo de guardia!

REBOLLEDO.— ¡Don Lope! *(Aparte.)* Ojo avizor.


ESCENA XVII

DON LOPE, *con hábito muy galán y bengala;*
*soldados, con un tambor, y dichos*


DON LOPE.— ¿Qué es aquesto? ¿La primera
cosa que he de encontrar hoy,
acabado de llegar,
ha de ser una cuestión?

CAPITÁN.—*(Aparte.)*
> ¡A qué mal tiempo Don Lope
> de Figueroa llegó!

CRESPO.—*(Aparte.)*
> Por Dios que se las tenía
> con todos el rapagón.

DON LOPE.—¿Qué ha habido? ¿Qué ha sucedido?
> Hablad, porque ¡vive Dios,
> que a hombres, mujeres y casa
> eche por un corredor!
> ¿No me basta haber subido
> hasta aquí, con el dolor
> desta pierna, que los diablos
> llevaran, amén, sino
> no decirme: "Aquesto ha sido"?

CRESPO.—Todo esto es nada, señor.

DON LOPE.—Hablad, decid la verdad.

CAPITÁN.—Pues es que alojado estoy
> en esta casa: un soldado...

DON LOPE.—Decid.

CAPITÁN.—          Ocasión me dio
> a que sacase con él
> la espada: hasta aquí se entró
> huyendo; entréme tras él
> donde estaban esas dos
> labradoras; y su padre
> y su hermano, o lo que son,
> se han disgustado de que
> entrase hasta aquí.

DON LOPE.—                    Pues yo
a tan buen tiempo he llegado,
satisfaré a todos hoy.
¿Quién fue el soldado, decid,
que a su capitán le dio
ocasión de que sacase
la espada?

REBOLLEDO.—*(Aparte.)* ¿A que pago yo
por todos?

ISABEL.—                    Aqueste fue
el que huyendo hasta aquí entró.

DON LOPE.—Denle dos tratos de cuerda.

REBOLLEDO.—¿Tra... qué han de darme, señor?

DON LOPE.—Tratos de cuerda.

REBOLLEDO.—                    Yo hombre
de aquesos tratos no soy.

CHISPA.—*(Aparte.)*
Desta vez me lo estropean.

CAPITÁN.—*(Aparte a él.)*
¡Ah, Rebolledo!, por Dios,
que nada digas: yo haré
que te libren.

REBOLLEDO.—*(Aparte al capitán.)*
                    ¿Cómo no
lo he de decir, pues si callo,
los brazos me pondrán hoy
atrás como mal soldado? *(Alto.)*
El capitán me mandó

78

que fingiese la pendencia,
para tener ocasión
de entrar aquí.

CRESPO.—                    Ved ahora
si hemos tenido razón.

DON LOPE.—No tuvisteis para haber
así puesto en ocasión
de perderse este lugar.
Hola, echa un bando, tambor,
que al cuerpo de guardia vayan
los soldados cuantos son,
y que no salga ninguno,
pena de muerte, en todo hoy.
Y para que no quedéis
con aqueste empeño vos,
y vos con este disgusto,
y satisfechos los dos,
buscad otro alojamiento;
que yo en esta casa estoy
desde hoy alojado, en tanto
que a Guadalupe no voy,
donde está el rey.

CAPITÁN.—                    Tus preceptos
órdenes precisas son
para mí.
*(Vanse el capitán, los soldados y la
Chispa.)*

CRESPO.—          Entraos allá dentro.
          *(Vanse Isabel, Inés y Juan.)*

## ESCENA XVIII

### CRESPO, DON LOPE

CRESPO.—Mil gracias, señor, os doy
por la merced que me hicisteis,
de excusarme la ocasión
de perderme.

DON LOPE.— ¿Cómo habíais,
decid, de perderos vos?

CRESPO.—Dando muerte a quien pensara
ni aun el agravio menor...

DON LOPE.—¿Sabéis, vive Dios, que es
capitán?

CRESPO.— Sí, vive Dios;
y aunque fuera el general,
en tocando a mi opinión,
le matara.

DON LOPE.— A quien tocara,
ni aun al soldado menor,
sólo un pelo de la ropa,
viven los cielos, que yo
le ahorcara.

CRESPO.— A quien se atreviera
a un átomo de mi honor,
viven los cielos también,
que también le ahorcara yo.

DON LOPE.— ¿Sabéis que estáis obligado
             a sufrir, por ser quien sois,
             estas cargas?

CRESPO.—                  Con mi hacienda;
             pero con mi fama, no.
             Al rey, la hacienda y la vida
             se le ha de dar; pero el honor
             es patrimonio del alma,
             y el alma sólo es de Dios.

DON LOPE.— ¡Vive Cristo, que parece
             que vais teniendo razón!

CRESPO.—Sí, vive Cristo, porque
             siempre la he tenido yo.

DON LOPE.—Yo vengo cansado, y esta
             pierna, que el diablo me dio,
             ha menester descansar.

CRESPO.—Pues ¿quién os dice que no?
             Ahí me dio el diablo una cama,
             y servirá para vos.

DON LOPE.—¿Y diola hecha el diablo?

CRESPO.—                            Sí.

DON LOPE.—Pues a deshacerla voy;
             que estoy, voto a Dios, cansado.

CRESPO.—Pues descansad, voto a Dios.

DON LOPE.—*(Aparte.)*
             Testarudo es el villano.
             Tan bien jura como yo.

CRESPO.—*(Aparte.)*
             Caprichudo es el don Lope:
             no haremos migas los dos.

## ACTO SEGUNDO

### ESCENA I

*Calle*

DON MENDO, NUÑO

DON MENDO.—¿Quién te contó todo eso?

NUÑO.—Todo eso contó Ginesa,
su criada.

DON MENDO.—        ¡El capitán,
después de aquella pendencia
que en su casa tuvo, fuese
ya verdad o ya cautela,
ha dado en enamorar
a Isabel!

NUÑO.—        Y de manera,
que tan poco humo en su casa
él hace como en la nuestra

nosotros. En todo el día
se ve apartar de la puerta:
no hay hora que no le envíe
recados; con ellos entra
y sale un mal soldadillo,
confidente suyo.

DON MENDO.—                    Cesa;
que es mucho veneno, mucho,
para que el alma lo beba
de una vez.

NUÑO.—                    Y más no habiendo
en el estómago fuerzas
con qué resistirle.

DON MENDO.—                    Hablemos
un rato, Nuño, de veras.

NUÑO.— ¡Pluguiera a Dios fueran burlas!

DON MENDO.— ¿Y qué le responde ella?

NUÑO.— Lo que a ti, porque Isabel
es deidad hermosa y bella,
a cuyo cielo no empañan
los vapores de la tierra.

DON MENDO.— ¡Buenas nuevas te dé Dios! *(Al hacer
la exclamación da una manotada a Nu-
ño en el rostro.)*

NUÑO.— A ti te dé mal de muelas,
que me has quebrado los dientes.
Mas bien has hecho, si intentas
reformarlos, por familia

que ni sirve ni aprovecha.
El capitán.

DON MENDO.—         ¡Vive Dios,
si por el honor no fuera
de Isabel, que le matara!

NUÑO.— *(Aparte.)*
Mas será por tu cabeza.
DON MENDO.—Escucharé retirado.
Aquí a esta parte se llega.


# ESCENA II

EL CAPITÁN, EL SARGENTO, REBOLLEDO; DON MENDO
Y NUÑO, *retirados*


CAPITÁN.—Este fuego, esta pasión,
no es amor sólo, que es tema,
es ira, es rabia, es furor.

REBOLLEDO.—¡Oh! ¡Nunca, señor, hubieras
visto a la hermosa villana
que tantas ansias te cuesta!

CAPITÁN.—¿Qué te dijo la criada?

REBOLLEDO.—¿Ya no sabes sus respuestas?

DON MENDO.—*(Aparte a Nuño.)*
Esto ha de ser: pues ya tiende
la noche sus sombras negras,

antes que se haya resuelto
a lo mejor mi prudencia.
Ven a armarme.

NUÑO.—                    ¡Pues qué! ¿Tienes
más armas, señor, que aquellas
que están en un azulejo
sobre el marco de la puerta?

DON MENDO.— En mi guadarnés presumo
que hay para tales empresas
algo que ponerme.

                    Vamos
sin que el capitán nos sienta. *(Vanse.)*


## ESCENA III

### EL CAPITÁN, SARGENTO, REBOLLEDO

CAPITÁN.—          ¡Que en una villana haya
tan hidalga resistencia,
que no me haya respondido
una palabra siquiera
apacible!

SARGENTO.—          Éstas, señor,
no de los hombres se prendan
como tú: si otro villano
la festejara y sirviera,
hiciera más caso dél;

fuera de que son tus quejas
sin tiempo. Si te has de ir
mañana, ¿para qué intentas
que una mujer en un día
te escuche y te favorezca?

CAPITÁN.—En un día el sol alumbra
y falta; en un día se trueca
un reino todo; en un día
es edificio una peña;
en un día una batalla
pérdida y victoria ostenta;
en un día tiene el mar
tranquilidad y tormenta;
en un día nace un hombre
y muere: luego pudiera
en un día ver mi amor
sombra y luz como planeta,
pena y dicha como imperio,
gente y brutos como selva,
paz e inquietud como mar,
triunfo y ruina como guerra,
vida y muerte como dueño
de sentidos y potencias;
y habiendo tenido edad
en un día su violencia
de hacerme tan desdichado,
¿por qué, por qué no pudiera
tener edad en un día
de hacerme dichoso? ¿Es fuerza
que se engendren más despacio
las glorias que las ofensas?

SARGENTO.—Verla una vez solamente
   ¿a tanto extremo te fuerza?

CAPITÁN.—¿Qué más causa había de haber,
   llegando a verla, que verla?
   De sola una vez a incendio
   crece una breve pavesa;
   de una vez sola un abismo
   sulfúreo volcán revienta;
   de una vez se enciende el rayo
   que destruye cuanto encuentra;
   de una vez escupe horror
   la más reformada pieza;
   de una vez amor, ¿qué mucho,
   que, fuego en cuatro maneras,
   mina, incendio, pieza y rayo,
   postre, abrase, asombre y hiera?

SARGENTO.—¿No decías que villanas
   nunca tenían belleza?

CAPITÁN.—Y aun aquesa confianza
   me mató, porque el que piensa
   que va a un peligro, ya va
   prevenido a la defensa;
   quien va a una seguridad
   es el que más riesgo lleva,
   por la novedad que halla,
   si acaso un peligro encuentra.
   Pensé hallar una villana;
   si hallé una deidad, ¿no era
   preciso que peligrase
   en mi misma inadvertencia?
   En toda mi vida vi

más divina, más perfecta
hermosura. ¡Ay, Rebolledo!
No sé qué hiciera por verla.

REBOLLEDO.—En la compañía hay soldado
que canta por excelencia,
y la Chispa, que es mi alcaida
del boliche, es la primera
mujer en jacarear.
Haya, señor, jira y fiesta
y música a su ventana,
que con esto podrás verla,
y aun hablarla.

CAPITÁN.—              Como está
don Lope allí, no quisiera
despertarle.

REBOLLEDO.—              Pues don Lope
¿cuándo duerme, con su pierna?
Fuera, señor, que la culpa,
si se entiende, será nuestra,
no tuya, si de rebozo
vas en la tropa.

CAPITÁN.—              Aunque tenga
mayores dificultades,
pase por todas mi pena.
Juntaos todos esta noche;
mas de suerte que no entiendan
que yo lo mando. ¡Ah, Isabel,
qué de cuidados me cuestas!

*(Vanse el capitán y el sargento.)*

## ESCENA IV

LA CHISPA; REBOLLEDO

CHISPA.—*(Dentro.)*
    Tenga ésa.

REBOLLEDO.—        Chispa, ¿qué es eso?

CHISPA.—Ahí un pobrete, que queda
    con un rasguño en el rostro.

REBOLLEDO.—Pues ¿por qué fue la pendencia?

CHISPA.—Sobre hacerme alicantina
    del barato de hora y media
    que estuvo echando las bolas,
    teniéndome muy atenta
    a si eran pares o nones;
    canséme y dile con ésta. *(Saca la daga.)*
    Mientras que con el barbero
    poniéndose en puntos queda,
    vamos al cuerpo de guardia:
    que allá te daré la cuenta.

REBOLLEDO.—¡Bueno es estar de mohína
    cuando vengo yo de fiesta!

CHISPA.—Pues ¿qué estorba el uno al otro?
    Aquí está la castañeta:
    ¿Qué se ofrece que cantar?

REBOLLEDO.—Ha de ser cuando anochezca,
    y música más fundada.

89

>                Vamos, y no te detengas.
>                Anda acá el cuerpo de guardia.

CHISPA.—Fama ha de quedar eterna
>                de mí en el mundo, que soy
>                Chispilla la Bolichera. *(Vanse.)*


## ESCENA V

*Sala baja en casa de Crespo, con vistas y salidas a un
jardín. Ventana a un lado*

DON LOPE, CRESPO


CRESPO.—*(Dentro.)*
>                En este paso, que está
>                más fresco, poned la mesa
>                al señor don Lope. Aquí
>                os sabrá mejor la cena;
>                que al fin los días de agosto
>                no tienen más recompensa
>                que sus noches.

DON LOPE.—                        Apacible
>                estancia en extremo es ésta.

CRESPO.—Un pedazo es de jardín
>                en que mi hija se divierta.
>                Sentaos; que el viento suave
>                que en las blandas hojas suena

destas parras y estas copas,
mil cláusulas lisonjeras
hace al compás desta fuente,
cítara de plata y perlas,
porque son en trastes de oro
las guijas templadas cuerdas.
Perdonad si de instrumentos
solos la música suena,
sin cantores que os deleiten,
sin voces que os entretengan;
que como músicos son
los pájaros que gorjean,
no quieren cantar de noche,
ni yo puedo hacerles fuerza.
Sentaos, pues, y divertid
esa continua dolencia.

DON LOPE.—No podré; que es imposible
que divertimiento tenga.
¡Válgame Dios!

CRESPO.— Valga, amén.

DON LOPE.—Los cielos me den paciencia.
Sentaos, Crespo.

CRESPO.— Yo estoy bien.

DON LOPE.—Sentaos.

CRESPO.— Pues me dais licencia,
digo, señor, que obedezco.
aunque excusarlo pudierais. *(Siéntase.)*

DON LOPE.—¿No sabéis qué he reparado?
Que ayer la cólera vuestra

os debió de enajenar
de vos.

CRESPO.—          Nunca me enajena
a mí de mí nada.

DON LOPE.—                    Pues,
¿cómo ayer, sin que os dijera
que os sentarais, os sentasteis,
y aun en la silla primera?

CRESPO.—Porque no me lo dijisteis;
y hoy, que lo decís, quisiera
no hacerlo: la cortesía,
tenerla con quien la tenga.

DON LOPE.—Ayer todo eran reniegos,
por vidas, votos y pesias;
y hoy estáis más apacible,
con más gusto y más prudencia.

CRESPO.—Yo, señor, respondo **siempre**
en el tono y en la letra
que me hablan: ayer vos
así hablabais, y era fuerza
que fueran de un mismo tono
la pregunta y la respuesta.
Demás de que yo he tomado
por política discreta
jurar con aquel que jura,
rezar con aquel que reza.
A todo hago compañía;
y es aquesto de manera
que en toda la noche pude
dormir, en la pierna vuestra

pensando, y amanecí
con dolor en ambas piernas;
que por no errar la que os duele,
si es la izquierda o la derecha,
me dolieron a mí entrambas.
Decidme, por vida vuestra,
cuál es y sépalo yo,
porque una sola me duela.

DON LOPE.— ¿No tengo mucha razón
de quejarme, si ha ya treinta
años que asistiendo en Flandes
al servicio de la guerra,
el invierno con la escarcha,
y el verano con la fuerza
del sol, nunca descansé,
y no he sabido qué sea
estar sin dolor una hora?

CRESPO.— ¡Dios, señor, os dé paciencia!

DON LOPE.— ¿Para qué la quiero yo?

CRESPO.—No os la dé.

DON LOPE.—                Nunca acá venga,
sino que dos mil demonios
carguen conmigo y con ella.

CRESPO.—Amén, y si no lo hacen
es por no hacer cosa buena.

DON LOPE.— ¡Jesús mil veces, Jesús!

CRESPO.—Con vos y conmigo sea.

DON LOPE.— ¡Vive Cristo, que me muero!

CRESPO.— ¡Vive Cristo, que me pesa!

## ESCENA VI

JUAN, *que saca la mesa;* DON LOPE, CRESPO

JUAN.—Ya tienes la mesa aquí.

DON LOPE.— ¿Cómo a servirla no entran
mis criados?

CRESPO.— Yo, señor,
dije, con vuestra licencia,
que no entraran a serviros,
y que en mi casa no hicieran
prevenciones; que a Dios gracias,
pienso que no os falte en ella
nada.

DON LOPE.— Pues no entran criados,
hacedme merced que venga
vuestra hija aquí a cenar
conmigo.

CRESPO.— Dila que venga
a tu hermana al punto, Juan. *(Vase
[Juan.)*

DON LOPE.—Mi poca salud me deja
sin sospecha en esta parte.

CRESPO —Aunque vuestra salud fuera,
señor, la que yo os deseo,
me dejara sin sospecha.

Agravio hacéis a mi amor;
que nada deso me inquieta:
pues decirla que no entrara
aquí, fue con advertencia
de que no estuviese a oír
ociosas impertinencias;
que si todos los soldados
corteses como vos fueran,
ella había de asistir
a serviros la primera.

DON LOPE.—*(Aparte.)*
¡Qué ladino es el villano,
o cómo tiene prudencia!


ESCENA VII

JUAN, INÉS, ISABEL; DON LOPE, CRESPO


ISABEL.—¿Qué es, señor lo que me mandas?

CRESPO.—El señor don Lope intenta
honraros: él es quien llama.

ISABEL.—Aquí está una esclava vuestra.

DON LOPE.—Serviros intento yo. *(Aparte.)*
¡Qué hermosura tan honesta! *(Alto.)*
Que cenéis conmigo quiero.

ISABEL.—Mejor es que a vuestra cena
sirvamos las dos.

DON LOPE.—                    Sentaos.

CRESPO.—Sentaos, haced lo que ordena
el señor don Lope.

ISABEL.—                    Esté
el mérito en la obediencia. *(Siéntase.*
*[Tocan dentro guitarras.)*

DON LOPE.—¿Qué es aquello?

CRESPO.—                    Por la calle
los soldados se pasean
tocando y cantando.

DON LOPE.—                    Mal
los trabajos de la guerra
sin aquesta libertad
se llevaran; que es estrecha
religión la de un soldado,
y darla ensanches es fuerza.

JUAN.—Con todo eso, es linda vida.

DON LOPE.—¿Fuérades con gusto a ella?

JUAN.—Sí, señor, como llevara
por amparo a vuecelencia.


# ESCENA VIII

SOLDADOS, REBOLLEDO, Y DICHOS


UN SOLDADO.—*(Dentro.)*
Mejor se cantará aquí.

REBOLLEDO.—*(Dentro.)*

Vaya a Isabel una letra,
y porque despierte, tira
a su ventana una piedra. *(Suena una*
[*piedra en una ventana.)*

CRESPO.—*(Aparte.)*

A ventana señalada
va la música: paciencia.

UNA VOZ.—*(Canta dentro.)*

"Las flores del romero,
niña Isabel,
hoy son flores azules,
y mañana serán miel."

DON LOPE.—*(Aparte.)*

Música, vaya; mas esto
de tirar es desvergüenza...
¡Y a la casa donde estoy
venirse a dar cantaletas!...
Pero disimularé
por Pedro Crespo y por ella. *(Alto.)*
¡Qué travesuras!

CRESPO.—                    Son mozos. *(Aparte.)*

Si por don Lope no fuera,
yo les hiciera...

JUAN.—*(Aparte.)* Si yo
una rodelilla vieja,
que en el cuarto de don Lope
está colgada, pudiera
sacar... *(Hace que se va.)*

CRESPO.— ¿Dónde vais, mancebo?

JUAN.— Voy a que traigan la cena.

CRESPO.— Allá hay mozos que la traigan.

SOLDADOS.— *(Dentro, cantando.)*
"Despierta, Isabel, despierta."

ISABEL.— *(Aparte.)*
¿Qué culpa tengo yo, cielo,
para estar a esto sujeta?

DON LOPE.— Ya no se puede sufrir,
porque es cosa muy mal hecha. *(Arroja*
*[la mesa.)*

CRESPO.—Pues ¡y cómo que lo es! *(Arroja la*
*[silla.)*

DON LOPE.—*(Aparte.)* Llevéme de mi impaciencia.
¿No es, decidme, muy mal hecho
que tanto una pierna duela?

CRESPO.—Deso mismo hablaba yo.

DON LOPE.—Pensé que otra cosa era.
Como arrojasteis la silla...

CRESPO.—Como arrojasteis la mesa
vos, no tuve que arrojar
otra cosa yo más cerca. *(Aparte.)*
Disimulemos, honor.

DON LOPE.—*(Aparte.)*
¡Quién en la calle estuviera! *(Alto.)*
Retiraos.

CRESPO.— En hora buena.

DON LOPE.—Señora, quedad con Dios.

ISABEL.—El cielo os guarde.

DON LOPE.—*(Aparte.)* A la puerta
de la calle ¿no es mi cuarto?
Y en él ¿no está una rodela?

CRESPO.—*(Aparte.)*
¿No tiene puerta el corral,
y yo una espadilla vieja?

DON LOPE.—Buenas noches.

CRESPO.— Buenas noches. *(Aparte.)*
Encerré por defuera
a mis hijos.

DON LOPE.—*(Aparte.)* Dejaré
un poco la casa quieta.

ISABEL.—*(Aparte.)*
¡Oh. qué mal, cielos, los dos
disimulan que les pesa!

INÉS.—*(Aparte.)*
Mal el uno por el otro
van haciendo la deshecha.

CRESPO.—¡Hola, mancebo!...

JUAN.— Señor...

CRESPO.—Acá está la cama vuestra. *(Vanse.)*

## ESCENA IX

### *Calle*

EL CAPITÁN, EL SARGENTO; LA CHISPA Y REBOLLEDO,
*con guitarras, soldados*

REBOLLEDO.—Mejor estamos aquí.
El sitio es más oportuno:
tome rancho cada uno.

CHISPA.—¿Vuelve la música?

REBOLLEDO.—                              Sí.

CHISPA.—Ahora estoy en mi centro.

CAPITÁN.—¡Que no haya una ventana
entreabierto esta villana!

REBOLLEDO.—Pues bien lo oyen allá dentro.

CHISPA.—Espera.

SARGENTO.—            Será a mi costa.

REBOLLEDO.—No es más de hasta ver quién es
quien llega.

CHISPA.—            Pues qué, ¿no ves
un jinete de la posta?

## ESCENA X

DON MENDO, *con adarga;* NUÑO, *y dichos*

DON MENDO.—*(Aparte a Nuño.)*
  ¿Ves bien lo que pasa?

NUÑO.—                    No,
  no veo bien; pero bien
  lo escucho.

DON MENDO.—          ¿Quién, cielos, quién
  esto puede sufrir?

NUÑO.—                    Yo.

DON MENDO.—¿Abrirá acaso Isabel
  la ventana?

NUÑO.—          Sí abrirá.

DON MENDO.—No hará, villano.

NUÑO.—                    No hará.

DON MENDO.—¡Ah, celos, pena cruel!
  Bien supiera yo arrojar
  a todos a cuchilladas
  de aquí; mas disimuladas
  mis desdichas han de estar
  hasta ver si ella ha tenido
  culpa dello.

NUÑO.—          Pues aquí
  nos sentemos.

DON MENDO.—                Bien: así
        estaré desconocido.
REBOLLEDO.—Pues ya el hombre se ha sentado,
        si ya no es que ser ordena,
        alguna alma que anda en pena
        de las cañas que ha jugado,
        con su adarga a cuestas. Da
        voz al aire. *(A la Chispa.)*
CHISPA.—              Ya él la lleva.
REBOLLEDO.—Va una jácara tan nueva,
        que corra sangre.
CHISPA.—              Sí hará.

## ESCENA XI

DON LOPE *y* CRESPO, *a un tiempo, con broqueles y cada uno por su lado, y dichos*

CHISPA.—*(Canta.)*
        "Érase cierto Sampayo,
        la flor de los andaluces,
        el jaque de mayor porte
        y el rufo de mayor lustre.
        Éste, pues, a la Chillona
        halló un día..."

REBOLLEDO.—          No le culpen
        la fecha; que el asonante
        quiere que haya sido en lunes.

CHISPA.—"Halló, digo, a la Chillona,
    que brindando entre dos luces,
    ocupaba con el Garlo
    la casa de las azumbres.
    El Garlo, que siempre fue,
    en todo lo que le cumple,
    rayo de tejado abajo,
    porque era rayo sin nube,
    sacó la espada, y a un tiempo
    de tajo y revés sacude."

CRESPO.—Sería desta manera.

DON LOPE.—Que sería así no duden.
    *(Acuchillan don Lope y Crespo a los sol-*
    *dados y a don Mendo y Nuño; mé-*
    *tenlos, y vuelve don Lope.)*
    Huyeron, y uno ha quedado
    dellos, que es el que está aquí. *(Vuelve*
              *[Crespo.)*

CRESPO.—*(Aparte.)*
    Cierto es que el que queda allí,
    sin duda es algún soldado.

DON LOPE.—*(Aparte.)*
    Ni aun éste se ha de escapar
    sin almagre.

CRESPO.—*(Aparte.)*  Ni éste quiero
    que quede sin que mi acero
    la calle le haga dejar.

DON LOPE.—Huid con los otros.

CRESPO.— Huid vos,
que sabréis huir más bien. *(Riñen.)*

DON LOPE.—*(Aparte.)*
¡Vive Dios, que riñe bien!

CRESPO.—*(Aparte.)*
¡Bien pelea, vive Dios!

## ESCENA XII

JUAN, *con espada;* DON LOPE, CRESPO

JUAN.—*(Aparte.)*
Quiera el cielo que le tope. *(Alto.)*
Señor, a tu lado estoy.

DON LOPE.—¿Es Pedro Crespo?

CRESPO.— Yo soy.
¿Es don Lope?

DON LOPE.— Sí, es don Lope.
¿Que no habíais, no dijisteis,
de salir? ¿Qué hazaña es ésta?

CRESPO.—Sean disculpa y respuesta
hacer lo que vos hicisteis.

DON LOPE.—Aquesta era ofensa mía,
vuestra no.

CRESPO.— No hay que fingir;
que yo he salido a reñir
por haceros compañía.

## ESCENA XIII

SOLDADOS, *el* CAPITÁN, *y dichos*

SOLDADOS.—*(Dentro.)*
A dar muerte nos juntemos
a esos villanos.

CAPITÁN.— Mirad... *(Salen los soldados y el capitán.)*

DON LOPE.— ¿Adónde vais? Esperad.
¿De qué son estos extremos?

CAPITÁN.— Los soldados han tenido,
porque se estaban holgando
en esta calle, cantando
sin alboroto y ruido,
una pendencia, y yo soy
quien los está deteniendo.

DON LOPE.— Don Álvaro, bien entiendo
vuestra prudencia; y pues hoy
aqueste lugar está
en ojeriza, yo quiero
excusar rigor más fiero;
y pues amanece ya,
orden doy que en todo el día,
para que mayor no sea
el daño, de Zalamea
saquéis vuestra compañía;

105

y estas cosas acabadas,
no vuelvan a ser, porque
otra vez la paz pondré,
vive Dios, a cuchilladas.

CAPITÁN.— Digo que por la mañana
la compañía haré marchar. *(Aparte.)*
La vida me has de costar,
hermosísima villana.

CRESPO.— *(Aparte.)*
Caprichudo es el don Lope;
ya haremos migas los dos.

DON LOPE.— Veníos conmigo vos,
y solo ninguno os tope. *(Vanse.)*

## ESCENA XIV

### DON MENDO; NUÑO, *herido*

DON MENDO.— ¿Es algo, Nuño, la herida?

NUÑO.— Aunque fuera menor, fuera
de mí muy mal recibida,
y mucho más que quisiera.

DON MENDO.— Yo no he tenido en mi vida
mayor pena ni tristeza.

NUÑO.— Yo tampoco.

DON MENDO.— Que me enoje
es justo. ¿Qué su fiereza
luego te dio en la cabeza?

NUÑO.—Todo este lado me coge. *(Tocan dentro.)*

DON MENDO.—¿Qué es esto?

NUÑO.— La compañía,
que hoy se va.

DON MENDO.— Y es dicha mía
pues con eso cesarán
los celos del capitán.


## ESCENA XV

*El* CAPITÁN *y el* SARGENTO, *a un lado;* DON MENDO *y*
NUÑO, *al otro*


CAPITÁN.—Sargento, vaya marchando
antes que decline el día
con toda la compañía,
y con prevención que cuando
se esconda en la espuma fría
del océano español
ese luciente farol,
en ese monte le espero,
porque hallar mi vida quiero
hoy en la muerte del sol.

SARGENTO.—*(Aparte al capitán.)*
Calla, que está aquí un figura
del lugar.

DON MENDO.—*(Aparte a Nuño.)*
Pasar procura,
sin que entienda mi tristeza.
No muestres, Nuño, flaqueza.

NUÑO.—¿Puedo yo mostrar gordura? *(Vanse
don Mendo y Nuño.)*


ESCENA XVI

*El* CAPITÁN, *el* SARGENTO


CAPITÁN.—Yo he de volver al lugar
porque tengo prevenida
a una criada, a mirar
si puedo por dicha hablar
a aquesta hermosa homicida.
Dádivas han granjeado
que apadrine mi cuidado.

SARGENTO.—Pues, señor, si has de volver,
mira que habrás menester
volver bien acompañado;
porque al fin no hay que fiar
de villanos.

CAPITÁN.—          Ya lo sé.
Algunos puedes nombrar
que vuelvan conmigo.

SARGENTO.— Haré.
cuanto me quieras mandar.
Pero, si acaso volviese
don Lope, y te conociese
al volver...

CAPITÁN.— Ese temor
quiso también que perdiese
en esta parte mi amor;
que don Lope se ha de ir
hoy también a prevenir
todo el tercio a Guadalupe;
yéndome ahora a despedir
dél, porque ya el rey vendrá,
que puesto en camino está.

SARGENTO.—Voy, señor, a obedecerte.

CAPITÁN.—Que me va la vida advierte.


ESCENA XVII

REBOLLEDO, la CHISPA; el CAPITÁN, el SARGENTO


REBOLLEDO.—Señor, albricias me da.

CAPITÁN.—¿De qué han de ser, Rebolledo?

REBOLLEDO.—Muy bien merecerlas puedo,
pues solamente te digo...

CAPITÁN.— ¿Qué?

REBOLLEDO.—        Que ya hay un enemigo
menos a quien tener miedo.

CAPITÁN.—¿Quién es? Dilo presto.

REBOLLEDO.—                    Aquel
mozo, hermano de Isabel.
Don Lope se le pidió
al padre, y él se le dio,
y va a la guerra con él.
En la calle le he encontrado
muy galán, muy alentado,
mezclando a un tiempo, señor,
rezagos de labrador
con primicias de soldado;
de suerte que el viejo es ya
quien pesadumbre nos da.

CAPITÁN.—Todo nos sucede bien,
y más si me ayuda quien
esta esperanza me da
de que esta noche podré
hablarla.

REBOLLEDO.—        No pongas duda.

CAPITÁN.—Del camino volveré;
que ahora es razón que acuda
a la gente que se ve
ya marchar. Los dos seréis
los que conmigo vendréis. *(Vase.)*

REBOLLEDO.—Pocos somos, vive Dios,
aunque vengan otros dos,
otros cuatro y otros seis.

CHISPA.— Y yo, si tú has de volver,
allá, ¿qué tengo de hacer?
Pues no estoy segura yo,
si da conmigo el que dio
al barbero que coser.

REBOLLEDO.— No sé qué he de hacer de ti.
¿No tendrás ánimo, di,
de acompañarme?

CHISPA.—                    ¿Pues no?
¿Vestido no tengo yo,
ánimo y esfuerzo?

REBOLLEDO.—                    Sí,

vestido no faltará;
que ahí otro del paje está
de jineta, que se fue.

CHISPA.— Pues yo plaza pasaré
por él.

REBOLLEDO.—       Vamos, que se va
la bandera.

CHISPA.—           Y yo veo ahora
por qué en el mundo he cantado
"que el amor del soldado
no dura ni una hora."

## ESCENA XVIII

### DON LOPE, CRESPO, JUAN

DON LOPE.—A muchas cosas os soy
en extremo agradecido;
pero sobre todas, esta
de darme hoy a vuestro hijo
para soldado, en el alma
os la agradezco y estimo.

CRESPO.—Yo os le doy para criado.

DON LOPE.—Yo os lo llevo para amigo;
que me ha inclinado en extremo
su desenfado y su brío,
y la afición a las armas.

JUAN.—Siempre a vuestros pies rendido
me tendréis, y vos veréis
de la manera que os sirvo,
procurando obedeceros
en todo.

CRESPO.—            Lo que os suplico
es que perdonéis, señor,
si no acertara a serviros,
porque en el rústico estudio,
adonde rejas y trillos,
palas, azadas y bieldos
son nuestros mejores libros,
no habrá podido aprender

lo que en los palacios ricos
enseña la urbanidad
política de los siglos.

DON LOPE.—Ya que va perdiendo el sol
la fuerza, irme determino.
Veré si viene, señor,
la litera. *(Vase.)*

## ESCENA XIX

ISABEL, INÉS ; DON LOPE, CRESPO

ISABEL.—          ¿Y es bien iros,
sin que os despidáis de quien
tanto desea serviros?

DON LOPE.—*(A Isabel.)*
No me fuera sin besaros
las manos y sin pediros
que liberal perdonéis
un atrevimiento digno
de perdón, porque no el premio
hace el don, sino el servicio.
Esta venera, que aunque
está de diamantes ricos
guarnecida, llega pobre
a vuestras manos, suplico
que la toméis y traigáis
por patena, en nombre mío.

ISABEL.—Mucho siento que penséis
con tan generoso indicio,
que pagáis el hospedaje,
pues de honra que recibimos,
somos los deudores.

DON LOPE.— Esto
no es paga, sino cariño.

ISABEL.—Por cariño, y no por paga,
solamente la recibo.
A mi hermano os encomiendo,
ya que tan dichoso ha sido
que merece ir por criado
vuestro.

DON LOPE.— Otra vez os afirmo
que podéis descuidar dél;
que va, señora, conmigo.


## ESCENA XX

### JUAN, *y dichos*


JUAN.—Ya está la litera puesta.

DON LOPE.—Con Dios os quedad.

CRESPO.— El mismo
os guarde.

DON LOPE.— ¡Ah, buen Pedro Crespo!

CRESPO.—¡Ah, señor, don Lope invicto!

114

DON LOPE.—¿Quién os dijera aquel día
            primero que aquí nos vimos,
            que habíamos de quedar
            para siempre tan amigos?

CRESPO.—Yo lo dijera, señor,
            si allí supiera, al oiros,
            que erais... *(Al irse ya.)*
DON LOPE.—        Decid por mi vida.

CRESPO.—Loco de tan buen capricho. *(Vase don
            Lope.)*


## ESCENA XXI

### CRESPO, JUAN, ISABEL, INÉS

CRESPO.—En tanto que se acomoda
            el señor don Lope, hijo,
            ante tu prima y tu hermana
            escucha lo que te digo.
            Por la gracia de Dios, Juan,
            eres de linaje limpio
            más que el sol, pero villano:
            lo uno y lo otro te digo,
            aquello, porque no humilles
            tanto tu orgullo y tu brío,
            que dejes, desconfiado,
            de aspirar con cuerdo arbitrio
            a ser más; lo otro, porque
            no vengas, desvanecido,

a ser menos; igualmente
usa de entrambos designios
con humildad; porque siendo
humilde, con recto juicio
acordarás lo mejor;
y como tal, en olvido
pondrás cosas que suceden
al revés en los altivos.
¡Cuántos, teniendo en el mundo
algún defecto consigo,
le han borrado por humildes!
Y ¡cuántos, que no han tenido
defectos, se le han hallado,
por estar ellos mal vistos!
Sé cortés sobremanera,
sé liberal y esparcido;
que el sombrero y el dinero
son los que hacen los amigos;
y no vale tanto el oro
que el sol engendra en el indio
suelo y se conduce el mar,
como ser uno bienquisto.
No hables mal de las mujeres;
que es digna de estimación,
la más humilde, te digo
porque, al fin, dellas nacimos.
No riñas por cualquier cosa:
que cuando en los pueblos miro
muchos que a reñir enseñan,
mil veces entre mí digo:
"Aquesta escuela no es
la que ha de ser, pues colijo

que no ha de enseñarse a un hombre
con destreza, gala y brío
a reñir, sino a por qué
ha de reñir; que yo afirmo
que si hubiera un maestro solo
que enseñara prevenido,
no el cómo, el por qué se riña,
todos le dieran sus hijos."
Con esto, y con el dinero
que llevas para el camino,
y para hacer, en llegando,
de asiento, un par de vestidos,
el amparo de don Lope
y mi bendición, yo fío
en Dios que tengo de verte
en otro puesto. Adiós, hijo;
que me enternezco en hablarte.

JUAN.—Hoy tus razones imprimo
en el corazón, adonde
vivirán, mientras yo vivo.
Dame tu mano, y tú, hermana,
los brazos; que ya ha partido
don Lope, mi señor, y es
fuerza alcanzarle.

ISABEL.—                    Los míos
bien quisieran detenerte.

JUAN.—Prima, adiós.

INÉS.—                    Nada te digo
con la voz, porque los ojos
hurtan a la voz su oficio.
Adiós.

117

CRESPO.—       Ea, vete presto;
que cada vez que te miro,
siento más el que te vayas;
y haz por ser lo que te he dicho.

JUAN.—El cielo con todos quede.

CRESPO.—El cielo vaya contigo. *(Vase Juan.)*


## ESCENA XXII

### CRESPO, ISABEL, INÉS


ISABEL.— ¡Notable crueldad has hecho!

CRESPO.—*(Aparte.)*
Ahora que no le miro,
hablaré más consolado. *(Alto.)*
¿Qué había de hacer conmigo
sino ser toda su vida
un holgazán, un perdido?
Váyase a servir al rey.

ISABEL.—Que de noche haya salido,
me pesa a mí.

CRESPO.—       Caminar
de noche por el estío
antes es comodidad
que fatiga, y es preciso
que a don Lope alcance luego
al instante. *(Aparte.)* Enternecido
me deja, cierto, el muchacho,
aunque en público me animo.

ISABEL.—Éntrate, señor, en casa.

INÉS.—Pues sin soldados vivimos,
estémonos otro poco
gozando a la puerta el frío
viento que corre; que luego
saldrán por ahí los vecinos.

CRESPO.—*(Aparte.)*
A la verdad, no entro dentro,
porque desde aquí imagino,
como el camino blanquea,
que veo a Juan en el camino. *(Alto.)*
Inés, sácame a esta puerta
asiento.

INÉS.—                Aquí está un banquillo.

ISABEL.—Esta tarde diz que ha hecho
la villa elección de oficios.

CRESPO.— Siempre aquí por el agosto
se hace. *(Siéntase. )*

## ESCENA XXIII

*El* CAPITÁN, *el* SARGENTO, REBOLLEDO, *la* CHISPA
*y soldados, embozados;* CRESPO, ISABEL, INÉS

CAPITÁN.—*(Aparte a los suyos.)*
Pisad sin ruido.
Llega, Rebolledo, tú,
y da a la criada aviso
de que ya estoy en la calle.

119

REBOLLEDO.— Yo voy. Mas ¡qué es lo que miro!
A su puerta hay gente.

SARGENTO.— Y yo
en los reflejos y visos
que la luna hace en el rostro,
que es Isabel, imagino,
ésta.

CAPITÁN.— Ella es: más que la luna,
el corazón me lo ha dicho.
A buena ocasión llegamos.
Si ya, una vez que venimos,
nos atrevemos a todo,
buena venida habrá sido.

SARGENTO.— ¿Estás para oír un consejo?

CAPITÁN.— No.

SARGENTO.— Pues ya no te le digo.
Intenta lo que quisieres.

CAPITÁN.— Yo he de llegar, y atrevido
quitar a Isabel de allí.
Vosotros a un tiempo mismo
impedid a cuchilladas
el que me sigan.

SARGENTO.— Contigo
venimos, y a tu orden hemos
de estar.

CAPITÁN.— Advertid que el sitio
donde habemos de juntarnos
es ese monte vecino,
que está a la mano derecha,
como salen del camino.

REBOLLEDO.—Chispa.

CHISPA.—          ¿Qué?

REBOLLEDO.—               Ten esas capas.

CHISPA.—Que es del reñir, imagino,
la gala el guardar la ropa,
aunque del nadar se dijo.

CAPITÁN.—Yo he de llegar primero.

CRESPO.—Harto hemos gozado el sitio.
Entrémonos allá dentro.

CAPITÁN.—*(Aparte a los suyos.)*
Ya es tiempo, llegad, amigos. *(Lléganse
a los tres los soldados; detienen a
CRESPO y a INÉS, y se apoderan de
ISABEL.)*

ISABEL.—¡Ah traidor! Señor, ¿qué es esto?

CAPITÁN.—Es una furia, un delirio
de amor. *(Llévala y vase.)*

ISABEL.—*(Dentro.)*
¡Ah, traidor! ¡Señor!

CRESPO.— ¡Ah, cobardes!

ISABEL.—*(Dentro.)*      ¡Padre mío!

INÉS.—*(Aparte.)*
Yo quiero aquí retirarme. *(Vase.)*

CRESPO.—¡Cómo echáis de ver, ah, impíos,
que estoy sin espada, aleves,
falsos y traidores!

121

REBOLLEDO.— Idos,
si no queréis que la muerte
sea el último castigo. *(Vanse los roba-*
[*dores.)*

CRESPO.— ¡Qué importará, si está muerto
mi honor, el quedar yo vivo!
¡Ah!, ¡quién tuviera una espada!
Porque sin armas seguirlos
es en vano; y si brioso
a ir por ella me aplico,
los he de perder de vista.
¿Qué he de hacer, hados esquivos;
que de cualquiera manera
es uno solo el peligro?

## ESCENA XXIV

INÉS, *con una espada;* CRESPO

INÉS.—Ya tienes aquí la espada.

CRESPO.—A buen tiempo la has traído.
Ya tengo honra, pues tengo
espada con que seguiros. *(Vanse.)*

## ESCENA XXV

### Campo

CRESPO, *riñendo con el* SARGENTO, REBOLLEDO *y los soldados después,* ISABEL

CRESPO.—Soltad la presa, traidores
　　　　cobardes, que habéis cogido;
　　　　que he de cobrarla, o la vida
　　　　he de perder.

SARGENTO.—　　　　　Vano ha sido
　　　　tu intento, que somos muchos.

CRESPO.—Mis males son infinitos,
　　　　y riñen todos por mí... *(Cae.)*
　　　　Pero la tierra que piso
　　　　me ha faltado.

REBOLLEDO.—　　　　　Dadle muerte.

SARGENTO.—Mirad que es rigor impío
　　　　quitarle vida y honor.
　　　　Mejor es en lo escondido
　　　　del monte dejarle atado,
　　　　porque no lleve el aviso

ISABEL.—*(Dentro.)*
　　　　¡Padre y señor!

CRESPO.—　　　　　¡Hija mía!

REBOLLEDO.—Retírale como has dicho.

CRESPO.—Hija, solamente puedo
        seguirte con mis suspiros. *(Llévanle.)*


## ESCENA XXVI

ISABEL *y* CRESPO, *dentro; después,* JUAN


ISABEL.—*(Dentro.)*
       ¡Ay de mí!

JUAN.—*(Saliendo.)* ¡Qué triste voz!

CRESPO.—*(Dentro.)*
       ¡Ay de mí!

JUAN.—              ¡Mortal gemido!
       A la entrada dese monte
       cayó mi rocín conmigo,
       veloz corriendo, y yo ciego
       por la maleza le sigo.
       Tristes voces a una parte,
       y a otra míseros gemidos
       escucho que no conozco,
       porque llegan mal distintos.
       Dos necesidades son
       las que apellidan a gritos
       mi valor; y pues iguales
       a mi parecer han sido,
       y uno es hombre, otro mujer,

a seguir ésta me animo;
que así obedezco a mi padre
en dos cosas que me dijo:
"Reñir con buena ocasión,
y honrar la mujer", pues miro
que así honro las mujeres,
y con buena ocasión riño.

## ACTO  TERCERO

*Interior de un monte*

## ESCENA  I

ISABEL.—*(Llorando.)*
Nunca amanezca a mis ojos
la luz hermosa del día,
porque a su sombra no tenga
vergüenza yo de mí misma.
¡Oh tú, de tantas estrellas
primavera fugitiva,
no des lugar a la aurora,
que tu azul campaña pisa,
para que con risa y llanto
borre tu apacible vista,
o ya que ha de ser, que sea
con llanto, mas no con risa!
Detente, ¡oh mayor planeta!,
más tiempo en la espuma fría
del mar : deja que una vez

dilate la noche esquiva
su trémulo imperio: deja
que de tu deidad se diga,
atenta a mis ruegos, que es
voluntaria y no precisa.
¿Para qué quieres salir
a ver en la historia mía
la más enorme maldad,
la más fiera tiranía,
que en vergüenza de los hombres
quiere el cielo que se escriba?
Mas, ¡ay de mí!, que parece
que es crueldad tu tiranía;
pues desde que te he rogado
que te detuvieses, miran
mis ojos tu faz hermosa
descollarse por encima
de los montes. ¡Ay de mí!
Que acosada y perseguida
de tantas penas, de tantas
ansias, de tantas impías
fortunas, contra mi honor
se han conjurado tus iras.
¿Qué he de hacer? ¿Dónde he de ir?
Si a mi casa determinan
volver mis erradas plantas,
será dar nueva mancilla
al anciano padre mío,
que otro bien, otra alegría
no tuvo, sino mirarse
en la clara luna limpia
de mi honor, que hoy, ¡desdichado!,

tan torpe mancha le eclipsa.
Si dejo, por su respeto
y mi temor afligida,
de volver a casa, dejo
abierto el paso a que digan
que fui cómplice en mi infamia;
y ciega e inadvertida
vengo a hacer de la inocencia
acreedora a la malicia.
¡Qué mal hice, qué mal hice
de escaparme fugitiva
de mi hermano! ¿No valiera
más que su cólera altiva
me diera muerte, cuando
llegó a ver la suerte mía?
Llamarle quiero, que vuelva
con saña más vengativa
y me dé muerte: confusas
voces el eco repita,
diciendo...

## ESCENA II

CRESPO; ISABEL

CRESPO.—*(Dentro.)*
        Vuelve a matarme.
Serás piadoso homicida;
que no es piedad el dejar
a un desdichado con vida.

ISABEL.—¿Qué voz es ésta, que mal
     pronunciada y poco oída,
     no se deja conocer?

CRESPO.—*(Dentro.)*
     Dadme muerte, si os obliga
     ser piadosos.

ISABEL.—          ¡Cielos, cielos!
     Otro la muerte apellida,
     otro desdichado hay más,
     que hoy a pesar suyo viva. *(Aparta unas*
        *[ramas y descúbrese Crespo atado.)*
     Mas ¿qué es lo que ven mis ojos?

CRESPO.—Si piedades solicita
     cualquiera que aqueste monte
     temerosamente pisa,
     llegue a dar muerte... Mas, ¡cielos!,
     ¿qué es lo que mis ojos miran?

ISABEL.—Atadas atrás las manos
     a una rigurosa encina...

CRESPO.—Enterneciendo los cielos
     con las voces que apellida...

ISABEL.—... mi padre está.

CRESPO.—          mi hija veo.

ISABEL.—¡Padre y señor!

CRESPO.—          Hija mía,
     llégate, y quita estos lazos.

ISABEL.—No me atrevo; que si quitan
     los lazos que te aprisionan
     una vez las manos mías,

no me atreveré, señor,
a contarte mis desdichas,
a referirte mis penas;
porque si una vez te miras
con manos y sin honor,
me darán muerte tus iras;
y quiero, antes que lo veas,
referirte mis fatigas.

CRESPO.—Detente, Isabel, detente,
no prosigas; que hay desdichas,
que para contarlas, no
es menester referirlas.

ISABEL.—Hay muchas cosas que sepas,
y es forzoso que al decirlas
tu valor se irrite, y quieras
vengarlas antes de oírlas.
Estaba anoche gozando
la seguridad tranquila,
que al abrigo de tus canas
mis años me prometían,
cuando aquellos embozados
traidores, que determinan
que lo que el honor defiende
el atrevimiento rinda,
me robaron: bien así
como de los pechos quita
carnicero hambriento lobo
a la simple corderilla.
Aquel capitán, aquel
huésped ingrato, que el día
primero introdujo en casa

tan nunca esperada cisma
de traiciones y cautelas,
de pendencias y rencillas,
fue el primero que en sus brazos
me cogió, mientras le hacían
espaldas otros traidores
que en su bandera militan.
Aqueste intrincado, oculto
monte, que está a la salida
del lugar, fue su sagrado;
¿cuándo de la tiranía
no son sagrados los montes?
Aquí ajena de mí misma
dos veces me miré, cuando
aun tu voz, que me seguía,
me dejó, porque ya el viento,
a quien tus acentos fías,
con la distancia, por puntos
adelgazándose iba:
de suerte, que las que eran
antes razones distintas,
no eran voces, sino ruido;
luego, en el viento esparcidas,
no eran voces, sino ecos
de unas confusas noticias;
como aquel que oye un clarín,
que cuando dél se retira,
le queda por mucho rato,
si noel ruido, la noticia.
El traidor, pues, en mirando
que ya nadie hay que le siga,
que ya nadie hay que me ampare,

131

porque hasta la luna misma
ocultó entre pardas sombras,
o cruel o vengativa,
aquella, ¡ay de mí!, prestada
luz que del sol participa,
pretendió, ¡ay de mí otra vez
y otras mil!, con fementidas
palabras, buscar disculpa
a su amor. ¿A quién no admira
querer de un instante a otro
hacer la ofensa caricia?
¡Mal haya el hombre, mal haya
el hombre que solicita
por fuerza ganar un alma,
pues no advierte, pues no mira
que las victorias de amor,
no hay trofeo en que consistan,
sino en granjear el cariño
de la hermosura que estiman!
Porque querer sin el alma
una hermosura ofendida,
es querer a una mujer
hermosa, pero no viva.
¡Qué ruegos, qué sentimientos
ya de humilde, ya de altiva,
no le dije! Pero en vano,
pues..., calle aquí la voz mía...,
soberbio..., enmudezca el llanto...,
atrevido..., el pecho gima...,
descortés..., lloren los ojos...,
fiero..., ensordezca la envidia...,
tirano... falte el aliento...,
osado..., luto me vista...,

y si lo que la voz yerra,
tal vez con la acción se explica,
de vergüenza cubro el rostro,
de empacho lloro ofendida,
de rabia tuerzo las manos,
el pecho rompo de ira:
entiendas tú las acciones,
pues no hay voces que lo digan;
baste decir que las quejas
de los vientos repetidas,
en que ya no pedía al cielo
socorro, sino justicia,
salió el alba, y con el alba,
trayendo la luz por guía,
sentí ruido entre unas ramas:
vuelvo a mirar quién sería,
y veo a mi hermano. ¡Ah, cielos!
¿Cuándo, cuándo, ¡ah suerte impía!,
llegaron a un desdichado
los favores más aprisa?
Él, a la dudosa luz,
que, si no alumbra, ilumina,
reconoce el daño, antes
que ninguno se le diga;
que son linces los pesares
que penetran con la vista.
Sin hablar palabra, saca
el acero que aquel día
le ceñiste: el capitán
que el tardo socorro mira
en mi favor, contra el suyo
saca la blanca cuchilla:

cierra el uno con el otro:
éste repara, aquél tira;
y yo, en tanto que los dos
generosamente lidian,
viendo temerosa y triste
que mi hermano no sabía
si tenía culpa o no,
por no aventurar mi vida
en la disculpa, la espalda
vuelvo, y por la entretejida
maleza del monte huyo;
pero no con tanta prisa
que no hiciese de unas ramas
intrincadas celosías,
porque deseaba, señor,
saber lo mismo que huía.
A poco rato, mi hermano
dio al capitán una herida:
cayó, quiso asegundarle,
cuando los que ya venían
buscando a su capitán
en su venganza se irritan.
Quiere defenderse; pero
viendo que era una cuadrilla,
corre veloz; no le siguen,
porque todos determinan
más acudir al remedio
que a la venganza que incitan.
En brazos al capitán
volvieron hacia la villa,
sin mirar en su delito;
que en las penas sucedidas,

acudir determinaron
primero a la más precisa.
Yo, pues, que atenta miraba
eslabonadas y asidas
unas ansias de otras ansias,
ciega, confusa y corrida,
discurrí, bajé, corrí,
sin luz, sin norte, sin guía,
monte, llano y espesura,
hasta que a tus pies rendida,
antes que me des la muerte
te he contado mis desdichas.
Ahora que ya las sabes,
rigurosamente anima
contra mi vida el acero,
el valor contra la vida;
que ya para que me mates
aquestos lazos te quitan *(Le desata.)*
mis manos: algunos dellos
mi cuello infeliz oprima.
Tu hija soy, sin honra estoy,
y tú libre: solicita
con mi muerte tu alabanza,
para que de ti se diga
que por dar vida a tu honor
diste la muerte a tu hija.

CRESPO.—Álzate, Isabel, del suelo;
no, no estés más de rodillas;
que a no haber estos sucesos
que atormenten y que aflijan,
ociosas fueran las penas,
sin estimación las dichas.

Para los hombres se hicieron,
y es menester que se impriman
con valor dentro del pecho.
Isabel, vamos aprisa:
demos la vuelta a mi casa;
que este muchacho peligra,
y hemos menester hacer
diligencias exquisitas
por saber dél y ponerle
en salvo.

ISABEL.—*(Aparte.)* Fortuna mía,
o mucha cordura, o mucha
cautela es ésta.

CRESPO.—                    Camina. *(Vanse.)*


## ESCENA III

*Calle a la entrada del pueblo*

CRESPO, ISABEL


CRESPO.— ¡Vive Dios, que si la fuerza
y necesidad precisa
de curarse, hizo volver
al capitán a la villa,
que pienso que le está bien
morirse de aquella herida,
por excusarse de otra

y otras mil! ; que el ansia mía
no ha de parar hasta darle
la muerte. Ea, vamos, hija,
a nuestra casa.


## ESCENA IV

*El* ESCRIBANO; CRESPO, ISABEL


ESCRIBANO.—            ¡Oh señor
Pedro Crespo! Dadme albricias.

CRESPO.— ¡Albricias! ¿De qué, escribano?

ESCRIBANO.—El concejo aqueste día
os ha hecho alcalde, y tenéis
para estrena de justicia
dos grandes acciones hoy:
la primera, es la venida
del rey, que estará hoy aquí,
o mañana en todo el día,
según dicen; es la otra,
que ahora han traído a la villa
de secreto unos soldados
a curarse con gran prisa,
a aquel capitán que ayer
tuvo aquí su compañía.
Él no dice quién le hirió;
pero si esto se averigua,
será una gran causa.

CRESPO.—*(Aparte.)*                    ¡Cielos!
¡Cuando vengarse imagina,
me hace dueño de mi honor
la vara de la justicia!
¿Cómo podré delinquir
yo, si en esta hora misma
me ponen a mí por juez,
para que otros no delincan?
Pero cosas como aquestas
no se ven con tanta prisa.
En extremo agradecido
estoy a quien solicita
honrarme.

ESCRIBANO.—                    Venid a la casa
del concejo, y recibida
la posesión de la vara,
haréis en la causa misma
averiguaciones.

CRESPO.—                    Vamos.
A tu casa te retira. *(A Isabel.)*

ISABEL.— ¡Duélase el cielo de mí!
¿No he de acompañarte?

CRESPO.—                    Hija,
ya tenéis el padre alcalde:
él os guardará justicia. *(Vanse.)*

## ESCENA V

*Alojamiento del capitán*

*El* CAPITÁN, *con banda, como herido; el* SARGENTO

CAPITÁN.—Pues la herida no era nada,
¿por qué me hicisteis volver
aquí?

SARGENTO.— ¿Quién pudo saber
lo que era antes de curada?
Ya la cura prevenida,
hemos de considerar
que no es bien aventurar
hoy la vida por la herida.
¿No fuera mucho peor
que te hubieras desangrado?

CAPITÁN.—Puesto que ya estoy curado,
detenernos será error.
Vámonos antes que corra
voz de que estamos aquí.
¿Están ahí los otros?

SARGENTO.— Sí.

CAPITÁN.—Pues la fuga nos socorra
del riesgo destos villanos;
que si llegan a saber
que estoy aquí, habrá de ser
fuerza apelar a las manos.

## ESCENA VI

REBOLLEDO; *El* CAPITÁN, *el* SARGENTO

REBOLLEDO.—La justicia aquí se ha entrado.

CAPITÁN.—¿Qué tiene que ver conmigo
justicia ordinaria?

REBOLLEDO.— Digo
que ahora hasta aquí ha llegado.

CAPITÁN.—Nada me puede a mí estar
mejor: llegando a saber
que estoy aquí, no hay temer
a la gente del lugar;
que la justicia es forzoso
remitirme en esta tierra
a mi consejo de guerra:
con que, aunque el lance es penoso,
tengo mi seguridad.

REBOLLEDO.—Sin duda se ha querellado
el villano.

CAPITÁN.— Eso he pensado.

## ESCENA VII

ESCRIBANO, *labradores, y dichos*

CRESPO.—*(Dentro.)*
Todas las puertas tomad,

y no me salga de aquí
soldado que aquí estuviere;
y al que salirse quisiere,
matadle.

CAPITÁN.—                    Pues ¿cómo así
entráis? *(Aparte.)* Mas ¡qué es lo que
                                        [veo!
*(Sale Pedro Crespo, con vara, y labra-*
*dores con él.)*

CRESPO.—¿Cómo no? A mi parecer,
la justicia ¿ha menester
más licencia?

CAPITÁN.—                    A lo que creo,
la justicia(cuando vos
de ayer acá lo seáis)
no tiene, si lo miráis,
que ver conmigo.

CRESPO.—                    Por Dios,
señor, que no os alteréis;
que sólo a una diligencia
vengo, con vuestra licencia,
aquí, y que solo os quedéis
importa.

CAPITÁN.—*(Al sargento y a Rebolledo.)*
                    Salíos de aquí.

CRESPO.—*(A los labradores.)*
Salíos vosotros también.
*(Aparte al escribano.)*
Con esos soldados ten
gran cuidado.

ESCRIBANO.—                Harélo así.
        *(Vanse los labradores, el sargento, Re-*
        *bolledo y el escribano.)*


ESCENA VIII

CRESPO, *el* CAPITÁN


CRESPO.—Ya que yo, como justicia,
    me valí de su respeto
    para obligaros a oírme,
    la vara a esta parte dejo,
    y como un hombre no más
    deciros mis penas quiero. *(Arrima la*
                               *[vara.)*
    Y puesto que estamos solos,
    señor don Álvaro, hablemos
    más claramente los dos,
    sin que tantos sentimientos
    como han estado encerrados
    en las cárceles del pecho
    acierten a quebrantar
    las prisiones del silencio.
    Yo soy un hombre de bien,
    que a escoger mi nacimiento
    no dejara, es Dios testigo,
    un escrúpulo, un defecto
    en mí, que suplir pudiera
    la ambición de mi deseo.

Siempre acá entre mis iguales
me he tratado con respeto;
de mí hacen estimación
el cabildo y el concejo.
Tengo muy bastante hacienda,
porque no hay, gracias al cielo,
otro labrador más rico
en todos aquestos pueblos
de la comarca; mi hija
se ha criado, a lo que pienso,
con la mejor opinión,
virtud y recogimiento
del mundo: tal madre tuvo,
téngala Dios en el cielo.
Bien pienso que bastará,
señor, para abono desto,
el ser rico, y no haber quien
me murmure; ser modesto,
y no haber quien me baldone;
y mayormente, viviendo
en un lugar corto, donde
otra falta no tenemos
más que saber unos de otros
las faltas y los defectos,
y ¡pluguiera a Dios, señor,
que se quedara en saberlos!
Si es muy hermosa mi hija
díganlo vuestros extremos...
Aunque pudiera, al decirlo,
con mayores sentimientos
llorarlo, porque eso fue
mi desdicha. No apuremos

toda la ponzoña al vaso;
quédese algo al sufrimiento.
No hemos de dejar, señor,
salirse con todo al tiempo;
algo hemos de hacer nosotros
para encubrir sus defectos.
Éste, ya veis si es bien grande;
pues aunque encubrirle quiero,
no puedo; que sabe Dios
que a poder estar secreto
y sepultado en mí mismo,
no viniera a lo que vengo;
que todo esto remitiera
por no hablar, al sufrimiento.
Deseando, pues, remediar
agravio tan manifiesto,
buscar remedio a mi afrenta,
es venganza, no es remedio;
y vagando de uno en otro,
uno solamente advierto,
que a mí me está bien, y a vos
no mal; y es, que desde luego
os toméis toda mi hacienda,
sin que para mi sustento
ni el de mi hijo, a quien yo
traeré a echar a los pies vuestros,
reserve un maravedí,
sino quedarnos pidiendo
limosna, cuando no haya
otro camino, otro medio,
con que poder sustentarnos.
Y si queréis desde luego

poner una ese y un clavo
hoy a los dos y vendernos,
será aquesta cantidad
más del dote que os ofrezco.
Restaurad una opinión
que habéis quitado. No creo
que desluzcáis vuestro honor,
porque los merecimientos
que vuestros hijos, señor,
perdiesen por ser mis nietos,
ganarán con más ventaja,
señor, por ser hijos vuestros.
En Castilla, el refrán dice
que el caballo, y es lo cierto,
lleva la silla. Mirad *(De rodillas.)*
que a vuestros pies os lo ruego
de rodillas y llorando
sobre estas canas, que el pecho,
viendo nieve y agua, piensa
que se me están derritiendo.
¿Qué os pido? Un honor os pido
que me quitasteis vos mesmo;
y con ser mío, parece,
según os le estoy pidiendo
con humildad, que no es mío
lo que os pido, sino vuestro.
Mirad que puedo tomarle
por mis manos, y no quiero,
sino que vos me le deis.

CAPITÁN.—Ya me falta el sufrimiento.
Viejo cansado y prolijo,
agradeced que no os doy

145

la muerte a mis manos hoy,
por vos y por vuestro hijo;
porque quiero que debáis
no andar con vos más cruel
a la beldad de Isabel.
Si vengar solicitáis
por armas vuestra opinión,
poco tengo que temer;
si por justicia ha de ser,
no tenéis jurisdicción.

CRESPO.— ¿Que, en fin, no os mueve mi llanto?

CAPITÁN.—Llanto no se ha de creer
de viejo, niño o mujer.

CRESPO.— ¡Que no pueda dolor tanto
mereceros un consuelo!

CAPITÁN.— ¿Qué más consuelo queréis,
pues con la vida volvéis?

CRESPO.—Mirad que echado en el suelo
mi honor a voces os pido.

CAPITÁN.— ¡Qué enfado!

CRESPO.—                    Mirad que soy
alcalde en Zalamea hoy.

CAPITÁN.—Sobre mí no habéis tenido
jurisdicción: el consejo
de guerra enviará por mí.

CRESPO.— ¿En eso os resolvéis?

CAPITÁN.—                    Sí,
caduco y cansado viejo.

CRESPO.—¿No hay remedio?

CAPITÁN.— Sí; el callar
es el mejor para vos.

CRESPO.—¿No otro?

CAPITÁN.— No.

CRESPO.— Pues juro a Dios
que me la habéis de pagar.
¡Hola! *(Levántase y toma la vara.)*

## ESCENA IX

LABRADORES; CRESPO, *el* CAPITÁN

LABRADOR.—*(Dentro.)*
¡Señor!

CAPITÁN.—*(Aparte.)* ¿Qué querrán
estos villanos hacer? *(Salen los labra-*
[*dores.)*

LABRADORES.— ¿Qué es lo que mandas?

CRESPO.— Prender
mando al señor capitán.

CAPITÁN.—¡Buenos son vuestros extremos!
Con un hombre como yo,
y en servicio del rey, no
se puede hacer.

147

CRESPO.— Probaremos.
De aquí, si no es preso o muerto,
no saldréis.

CAPITÁN.— Yo os apercibo
que soy un capitán vivo.

CRESPO.— ¿Soy yo acaso alcalde muerto?
Daos al instante a prisión.

CAPITÁN.— No me puedo defender:
fuerza es dejarme prender.
Al rey desta sinrazón
me quejaré.

CRESPO.— Yo también
de esotra, y aun bien que está
cerca de aquí, y nos oirá
a los dos. Dejar es bien
esa espada.

CAPITÁN.— No es razón
que...

CRESPO.— ¿Cómo no, si vais preso?

CAPITÁN.— Tratad con respeto...

CRESPO.— Eso
está muy puesto en razón.
Con respeto le llevad
a las casas, en efeto,
del concejo; y con respeto
un par de grillos le echad
y una cadena; y tened
con respeto, gran cuidado

que no hable a ningún soldado;
y a esos dos también poned
en la cárcel; que es razón,
y aparte, porque después,
con respeto, a todos tres
les tomen la confesión.
Y aquí, para entre los dos,
si hallo harto paño, en efeto,
con muchísimo respeto
os han de ahorcar, juro a Dios.

CAPITÁN.— ¡Ah, villanos con poder!
*(Vanse los labradores con el capitán.)*


## ESCENA X

REBOLLEDO, *la* CHISPA, *el* ESCRIBANO; CRESPO


ESCRIBANO.—Este paje, este soldado
son a los que mi cuidado
sólo ha podido prender;
que otro se puso en huída.

CRESPO.—Éste el pícaro es que canta;
con un paso de garganta
no ha de hacer otra en su vida.

REBOLLEDO.— ¿Pues qué delito es, señor,
el cantar?

CRESPO.—              Que es virtud siento,
y tanto, que un instrumento

tengo en que cantéis mejor.
Resolveos a decir...

REBOLLEDO.— ¿Qué?

CRESPO.— Cuanto anoche pasó...

REBOLLEDO.—Tu hija mejor que yo
lo sabe.

CRESPO.— O has de morir.

CHISPA.—*(Aparte a él.)*
Rebolledo, determina
negarlo, punto por punto:
serás, si niegas, asunto
para una jacarandina
que cantaré.

CRESPO.— A vos después
también os haráncantar.

CHISPA.—A mí no me pueden dar
tormento.

CRESPO.— Sepamos, pues,
¿por qué?

CHISPA.— Esto es cosa asentada.
Y que no hay ley que tal mande.

CRESPO.— ¿Qué causa tenéis?

CHISPA.— Bien grande.

CRESPO.— Decid, ¿cuál?

CHISPA.— Estoy preñada.

CRESPO.— ¿Hay cosa más atrevida?
Mas la cólera me inquieta.
¿No sois paje de jineta?

CHISPA.—No, señor, sino de brida.

CRESPO.—Resolveos a decir
        vuestros dichos.

CHISPA.—           Sí, diremos
        aun más de lo que sabemos;
        que peor será morir.

CRESPO.—Eso excusará a los dos
        del tormento.

CHISPA.—           Si es así,
        pues para cantar nací
        he de cantar, vive Dios:
        *(Canta.)*
        "Tormento me quieren dar."

REBOLLEDO.—*(Canta.)*
        "¿Y qué quieren darme a mí?"

CRESPO.—¿Qué hacéis?

CHISPA.—           Templar desde aquí,
        pues que vamos a cantar. *(Vanse.)*


## ESCENA XI

*Sala en casa de Crespo*


JUAN.—Desde que al traidor herí
        en el monte, desde que
        riñendo con él, porque

llegaron tantos, volví
la espalda, el monte he corrido,
la espesura he penetrado,
y a mi hermana no he encontrado.
En efecto, me he atrevido
a venirme hasta el lugar
y entrar dentro de mi casa,
donde todo lo que pasa
a mi padre he de contar.
Veré lo que me aconseja
que haga, ¡cielos!, en favor
de mi vida y de mi honor.

## ESCENA XII

INÉS, ISABEL, *muy triste;* JUAN

INÉS.—Tanto sentimiento deja;
que vivir tan afligida
no es vivir, matarse es.

ISABEL.—¿Pues quién te ha dicho, ¡ay Inés!,
que no aborrezco la vida?

JUAN.—Diré a mi padre... *(Aparte.)* ¡Ay de mí!
¿No es ésta Isabel? Es llano.
Pues ¿qué espero? *(Saca la daga.)*

INÉS.— ¡Primo!

ISABEL.— ¡Hermano!
¿Qué intentas?

JUAN.— Vengar así
la ocasión en que hoy has puesto
mi vida y mi honor.

ISABEL.— Advierte...

JUAN.—¡Tengo que darte la muerte,
viven los cielos!


## ESCENA XIII

CRESPO, *labradores; dichos*


CRESPO.— ¿Qué es esto?

JUAN.—Es satisfacer, señor,
una injuria, y es vengar
una ofensa y castigar...

CRESPO.—Basta, basta; que es error
que os atreváis a venir...

JUAN.—¿Qué es lo que mirando estoy?

CRESPO.—Delante así de mí hoy,
acabando ahora de herir
en el monte un capitán...

JUAN.—Señor, si le hice esa ofensa,
que fue en honrada defensa
de tu honor...

153

CRESPO.—                    Ea, basta, Juan.
Hola, llevadle también
preso.

JUAN.—              ¿A tu hijo, señor,
tratas con tanto rigor?

CRESPO.—Y aun a mi padre también
con tal rigor le tratara.
*(Aparte.)* Aquesto es asegurar
su vida, y han de pensar
que es la justicia más rara
del mundo.

JUAN.—            Escucha por qué,
habiendo un traidor herido,
a mi hermana he pretendido
matar también.

CRESPO.—            Ya lo sé;
pero no basta sabello
yo como yo; que ha de ser
como alcalde, y he de hacer
información sobre ello.
Y hasta que conste qué culpa
te resulta del proceso,
tengo que tenerte preso.
*(Aparte.)* Yo le hallaré la disculpa.

JUAN.—Nadie entender solicita
tu fin, pues sin honra ya
prendes a quien te la da,
guardando a quien te la quita. *(Llévanle
[preso.)*

## ESCENA XIV

### CRESPO, ISABEL, INÉS

CRESPO.—Isabel, entra a firmar
esta querella que has dado
contra aquel que te ha injuriado.

ISABEL.—Tú, que quisiste ocultar
la ofensa que el alma llora,
¡así intentas publicarla!
Pues no consigues vengarla,
consigue el callarla ahora.

CRESPO.—No: ya que como quisiera
me quita esta obligación
satisfacer mi opinión,
ha de ser desta manera. *(Vase Isabel.)*
Inés, pon ahí esa vara;
que pues por bien no ha querido
ver el caso concluido,
querrá por mal. *(Vase Inés.)*

## ESCENA XV

### DON LOPE, *soldados;* CRESPO

DON LOPE.—*(Dentro.)*     Para, para.

CRESPO.—¿Qué es aquesto? ¿Quién, quién hoy
se apea en mi casa así?

Pero ¿quién se ha entrado aquí? *(Sa-*
*[len don Lope y soldados.)*

DON LOPE.—¡Oh Pedro Crespo! Yo soy;
que volviendo a este lugar
de la mitad del camino,
donde me trae, imagino,
un grandísimo pesar,
no era bien ir a apearme
a otra parte, siendo vos
tan mi amigo.

CRESPO.—            Guárdeos Dios;
que siempre tratáis de honrarme.

DON LOPE.—Vuestro hijo no ha parecido
por allá.

CRESPO.—            Presto sabréis
la ocasión; la que tenéis,
señor, de haberos venido,
me haced merced de contar;
que venís mortal, señor.

DON LOPE.—La desvergüenza es mayor
que se puede imaginar.
Es el mayor desatino
que hombre ninguno intentó.
Un soldado me alcanzó
y me dijo en el camino...
Que estoy perdido, os confieso,
de cólera.

CRESPO.—            Proseguid.

DON LOPE.—Que un alcaldillo de aquí
al capitán tiene preso.

Y, ¡vive Dios!, no he sentido
en toda aquesta jornada
esta pierna excomulgada,
si no es hoy, que ha impedido
el haber antes llegado
donde el castigo le dé,
¡vive Jesucristo, que
al grande desvergonzado
a palos le he de matar!

CRESPO.—Pues habéis venido en balde,
porque pienso que el alcalde
no se los dejará dar.

DON LOPE.—Pues daréselos sin que deje
dárselos.

CRESPO.—          Malo lo veo;
ni que haya en el mundo creo
quien tan mal os aconseje;
¿sabéis por qué le prendió?

DON LOPE.—No; mas sea lo que fuere,
justicia la parte espere
de mí; que también sé yo
degollar, si es necesario.

CRESPO.—Vos no debéis de alcanzar
señor, lo que en un lugar
es un alcalde ordinario.

DON LOPE.—¿Será más que un villanote?

CRESPO.—Un villanote será,
que si cabezudo da

en que ha de darle garrote,
por Dios, se salga con ello.

DON LOPE.—No se saldrá tal, por Dios;
y si por ventura vos,
si sale o no, queréis vello,
decid donde vive o no.

CRESPO.—Bien cerca vive de aquí.

DON LOPE.—Pues a decirme vení
quién es el alcalde.

CRESPO.—          Yo.

DON LOPE.—¡Vive Dios, que si sospecho!...

CRESPO.—¡Vive Dios, como os lo he dicho!

DON LOPE.—Pues, Crespo, lo dicho, dicho.

CRESPO.—Pues, señor, lo hecho, hecho.

DON LOPE.—Yo por el preso he venido,
y a castigar este exceso.

CRESPO.—Pues acá le tengo preso
por lo que acá ha sucedido.

DON LOPE.—¿Vos sabéis que a servir pasa
al rey, y soy su juez yo?

CRESPO.—¿Vos sabéis que me robó
a mi hija de mi casa?

DON LOPE.—¿Vos sabéis que mi valor
dueño desta causa ha sido?

CRESPO.—¿Vos sabéis cómo, atrevido,
robó en un monte mi honor?

DON LOPE.—¿Vos sabéis cuánto os prefiere
    el cargo que he gobernado?

CRESPO.—¿Vos sabéis que le he rogado
    con la paz, y no la quiere?

DON LOPE.—Que os entráis, es bien se arguya,
    en otra jurisdicción.

CRESPO.—Él se entró en mi opinión,
    sin ser jurisdicción suya.

DON LOPE.—Yo sabré satisfacer
    obligándome a la paga.

CRESPO.—Jamás pedí a nadie que haga
    lo que yo me puedo hacer.

DON LOPE.—Yo me he de llevar el preso.
    Ya estoy en ello empeñado.

CRESPO.—Yo por acá he sustanciado
    el proceso.

DON LOPE.—        ¿Qué es proceso?

CRESPO.—Unos pliegos de papel
    que voy juntando, en razón
    de hacer la averiguación
    de la causa.

DON LOPE.—        Iré por él
    a la cárcel.

CRESPO.—        No embarazo
    que vais : sólo se repare,
    que hay orden que al que llegare
    le den un arcabuzazo.

DON LOPE.—Como esas balas estoy
    enseñado yo a esperar.

                    Mas no se ha de aventurar
                    nada en esta acción de hoy.
                    Hola, soldado, id volando,
                    y a todas las compañías
                    que alojadas estos días
                    han estado y van marchando,
                    decid que bien ordenadas
                    lleguen aquí en escuadrones,
                    con balas en los cañones
                    y con las cuerdas caladas.

UN SOLDADO.—No fue menester llamar
                    la gente; que habiendo oído
                    aquesto que ha sucedido,
                    se han entrado en el lugar.

DON LOPE.—Pues vive Dios que he de ver
                    si me dan el preso o no.

CRESPO.—Pues vive Dios que antes yo
                    haré lo que se ha de hacer. *(Vanse.)*


## ESCENA XVI

*Sala de la cárcel*

DON LOPE, *el* ESCRIBANO, *soldados*, CRESPO, *todos dentro*
                    *(Suenan cajas.)*


UN SOLDADO.—Ésta es la cárcel, soldados,
                    adonde está el capitán:

                si no os le dan, al momento
                poned fuego y la abrasad,
                y si se pone en defensa
                el lugar, todo el lugar.

ESCRIBANO.—Ya, aunque la cárcel enciendan,
                no han de darle libertad.

SOLDADOS.—Mueran aquestos villanos.

CRESPO.—¿Que mueran? Pues ¡qué!, ¿no hay
                                            [más?

DON LOPE.—Socorro les ha venido.
                Romped la cárcel: llegad,
                romped la puerta.


### ESCENA XVII

*Salen los soldados y* DON LOPE *por un lado; y por otro,
el* REY, CRESPO, *labradores y acompañamiento*


REY.—                        ¿Qué es esto?
                Pues ¡desta manera estáis,
                viniendo yo!

DON LOPE.—                Ésa es, señor,
                la mayor temeridad
                de un villano, que vio el mundo,
                y, ¡vive Dios!, que a no entrar
                en el lugar tan aprisa,
                señor, vuestra majestad,

161

que había de hallar luminarias
puestas por todo el lugar.

REY.—¿Qué ha sucedido?

DON LOPE.—                    Un alcalde
ha prendido un capitán,
y viniendo yo por él,
no le quieren entregar.

REY.—¿Quién es el alcalde?

CRESPO.—                    Yo.

REY.—¿Y qué disculpa me dais?

CRESPO.—Este proceso, en que bien
probado el delito está,
digno de muerte, por ser
una doncella robar,
forzarla en un despoblado,
y no quererse casar
con ella, habiendo su padre
rogádole por la paz.

DON LOPE.—Éste es el alcalde, y es
su padre.

CRESPO.—                    No importa el tal
caso, porque si un extraño
se viniera a querellar,
¿no habría de hacer justicia?
Sí: pues ¿qué más se me da
hacer por mi hija lo mismo
que hiciera por los demás?
Fuera de que, como he preso
un hijo mío, mirad

si no escuchara a mi hija,
pues era la sangre igual.
Mírese si está bien hecha
la causa, miren si hay
quien diga que yo haya hecho
en ella alguna maldad,
si he inducido algún testigo,
si está escrito algo de más
de lo que he dicho, y entonces
me den muerte.

REY.—             Bien está
sentenciado; pero vos
no tenéis autoridad
de ejecutar la sentencia
que toca a otro tribunal.
Allá hay justicia, y así
remitid el preso.

CRESPO.—           Mal
podré, señor, remitirle;
porque como por acá
no hay más que sola una audiencia,
cualquiera sentencia que hay,
la ejecuta ella, y así
está ejecutada ya.

REY.—¿Qué decís?

CRESPO.—          Si no creéis
que es esto, señor, verdad,
volved los ojos, y vedlo.
Aqueste es el capitán.
*(Abren una puerta, y aparece dado ga-*
*rrote, en una silla, el capitán.)*

REY.—Pues ¿cómo así os atrevisteis?...

CRESPO.—Vos habéis dicho que está
        bien dada aquesta sentencia :
        luego esto no está hecho mal.

REY.—El consejo ¿no supiera
     la sentencia ejecutar?

CRESPO.—Toda la justicia vuestra
        es sólo un cuerpo no más ;
        si éste tiene muchas manos,
        decid ¿qué más se me da
        matar en aquesta un hombre
        que estotra había de matar?
        ¿Y qué importa errar lo menos
        quien ha acertado lo más?

REY.—Pues ya que aquesto es así,
     ¿por qué, como a capitán
     y caballero, no hicisteis
     degollarle?

CRESPO.—              ¿Eso dudáis?
        Señor, como los hidalgos
        viven tan bien por acá,
        el verdugo que tenemos
        no ha aprendido a degollar.
        Y ésa es querella del muerto
        que toca a su autoridad,
        y hasta que él mismo se queje
        no les toca a los demás.

REY.—Don Lope, aquesto ya es hecho.
     Bien dada la muerte está ;

que errar lo menos no importa,
si acertó lo principal.
Aquí no quede soldado
alguno, y haced marchar
con brevedad, que me importa
llegar presto a Portugal.
Vos, por alcalde perpetuo
de aquesta villa os quedad.

CRESPO.—Sólo vos a la justicia
tanto supierais honrar. *(Vanse el rey y*
*[el acompañamiento.)*

DON LOPE.—Agradeced al buen tiempo
que llegó su majestad.

CRESPO.—Por Dios, aunque no llegara,
no había remedio ya.

DON LOPE.—¿No fuera mejor hablarme,
dando el preso, y remediar
el honor de vuestra hija?

CRESPO.—En un convento entrará;
que ha elegido y tiene Esposo
que no mira en calidad.

DON LOPE.—Pues dadme los demás presos.

CRESPO.—Al momento los sacad. *(Vase el escri-*
*bano.)*

## ESCENA XVIII

REBOLLEDO, *la* CHISPA, *soldados; después,* JUAN, DON
LOPE, CRESPO, *soldados y labradores*

DON LOPE.—Vuestro hijo falta, porque
    siendo mi soldado ya,
    no ha de quedar preso.

CRESPO.—               Quiero
    también, señor, castigar
    el desacato que tuvo
    de herir a su capitán;
    que aunque es verdad que su honor
    a esto le pudo obligar,
    de otra manera pudiera.

DON LOPE.—Pedro Crespo, bien está.
    Llamadle.

CRESPO.—        Ya él está aquí. *(Sale Juan.)*

JUAN.—Las plantas, señor, me dad;
    que a ser vuestro esclavo iré.

REBOLLEDO.—Yo no pienso ya cantar
    en mi vida.

CHISPA.—        Pues yo sí,
    cuántas veces a mirar
    llegue el pesado instrumento.

CRESPO.—Con que fin el autor da
    a esta historia verdadera;
    sus defectos perdonad.

# LA  VIDA  ES  SUEÑO

## PERSONAJES

BASILIO, rey de Polonia
SEGISMUNDO, príncipe
ASTOLFO, duque de Moscovia
CLOTALDO, viejo
CLARÍN, gracioso
ESTRELLA, infanta
ROSAURA, dama
SOLDADOS
GUARDAS
MÚSICOS
ACOMPAÑAMIENTO
CRIADOS
DAMAS

La escena es en la corte de Polonia, en una fortaleza
poco distante y en el campo

## ACTO PRIMERO

*A un lado, monte fragoso, y al otro, una torre, cuya planta baja sirve de prisión a Segismundo. La puerta que da frente al espectador está entreabierta. La acción principia al anochecer*

### ESCENA I

ROSAURA, CLARÍN

ROSAURA, *vestida de hombre, aparece en lo alto de las peñas, y baja a lo llano; tras ella viene* CLARÍN

ROSAURA.—Hipógrifo violento
        que corriste parejas con el viento,
        ¿dónde, rayo sin llama,

pájaro sin matiz, pez sin escama,
y bruto sin instinto
natural, al confuso laberinto
destas desnudas peñas
te desbocas, arrastras y despeñas?
Quédate en este monte,
donde tengan los brutos su Faetonte;
que yo, sin más camino
que el que me dan las leyes del destino,
ciega y desesperada
bajaré la aspereza enmarañada
deste monte eminente,
que arruga al sol el ceño de su frente.
Mal, Polonia, recibes
a un extranjero, pues con sangre escri-
su entrada en tus arenas,          [bes
y apenas llega, cuando a penas.
Bien mi suerte lo dice;
mas, ¿dónde halló piedad un infelice?

CLARÍN.—Di dos, y no me dejes
en la posada a mí cuando te quejes;
que si dos hemos sido
los que nuestra patria hemos salido
a probar aventuras,
dos los que entre desdichas y locuras
aquí hemos llegado,
y dos los que del monte hemos rodado,
¿no es razón que yo sienta
meterme en el pesar y no en la cuenta?

ROSAURA.—No te quiero dar parte
en mis quejas, Clarín, por no quitarte,

llorando tu desvelo,
el derecho que tienes tú al consuelo.
Que tanto gusto había
en quejarse, un filósofo decía,
que, a trueco de quejarse,
habían las desdichas de buscarse.

CLARÍN.—El filósofo era
un borracho barbón: ¡oh! ¡quién le
más de mil bofetadas!          [diera
Quejárase después de muy bien dadas.
Mas ¿qué haremos, señora,
a pie, solos, perdidos y a esta hora
en un desierto monte,
cuando se parte el sol a otro horizonte?

ROSAURA.—¡Quién ha visto sucesos tan extraños!
Mas si la vista no padece engaños
que    hace la fantasía,
a la medrosa luz que aún tiene el día,
me parece que veo
un edificio.

CLARÍN.—          O miente mi deseo,
o termino las señas.

ROSAURA.—Rústico nace entre desnudas peñas
un palacio tan breve,
que al sol apenas a mirar se atreve:
con tan rudo artificio
la arquitectura está de su edificio,
que parece, a las plantas
de tantas rocas y de peñas tantas
que al sol tocan la lumbre,
peñasco que ha rodado de la cumbre.

CLARÍN.— Vámonos acercando;
que éste es mucho mirar, señora,
es mejor que la gente         [cuando
que habita en ella, generosamente
nos admita.

ROSAURA.—                    La puerta,
mejor diré funesta boca, abierta
está, y desde su centro
nace la noche, pues la engendra dentro.
                    *(Suenan dentro cadenas.)*

CLARÍN.— ¡Qué es lo que escucho, cielo!

ROSAURA.—Inmóvil bulto soy de fuego y hielo.

CLARÍN.— ¿Cadenita hay que suena?
Mátenme si no es galeote en pena:
bien mi temor lo dice.


## ESCENA II

SEGISMUNDO, *en la torre;* ROSAURA, CLARÍN


SEGISMUNDO.—*(Dentro.)*
          ¡Ay, mísero de mí! ¡Ay, infelice!

ROSAURA.— ¡Qué triste voz escucho!
          Con nuevas penas y tormentos lucho.

CLARÍN.—Yo con nuevos temores.

ROSAURA.—Clarín...

CLARÍN.— Señora...

ROSAURA.— Huyamos los rigores
desta encantada torre.

CLARÍN.— Yo aun no tengo
ánimo para huir, cuando a eso vengo.

ROSAURA.— ¿No es breve luz aquella
caduca exhalación, pálida estrella,
que en trémulos desmayos,
pulsando ardores y latiendo rayos,
hace más tenebrosa
la oscura habitación con luz dudosa?
Sí, pues, a sus reflejos
puedo determinar, aunque de lejos,
una prisión oscura,
que es de un vivo cadáver sepultura;
y porque más me asombre,
en el traje de fiera yace un hombre
de prisiones cargado
y sólo de una luz acompañado.
Pues huir no podemos,
desde aquí sus desdichas escuchemos:
sepamos lo que dice.
*(Ábrense las hojas de la puerta y descú-*
*brese Segismundo con una cadena y*
*vestido de pieles. Hay luz en la torre.)*

SEGISMUNDO.— ¡Ay, mísero de mí! ¡Ay, infelice!
Apurar, cielos, pretendo,
ya que me tratáis así,
qué delito cometí
contra vosotros naciendo;

175

aunque si nací, ya entiendo
qué delito he cometido:
bastante causa ha tenido
vuestra justicia y rigor,
pues el delito mayor
del hombre es haber nacido.
Sólo quisiera saber,
para apurar mis desvelos,
dejando a una parte, cielos,
el delito de nacer,
¿qué más os pude ofender,
para castigarme más?
¿No nacieron los demás?
Pues si los demás nacieron,
¿qué privilegios tuvieron
que yo no gocé jamás?
Nace el ave, y con las galas
que le dan belleza suma,
apenas es flor de pluma,
o ramillete con alas,
cuando las etéreas salas
corta con velocidad,
negándose a la piedad
del nido que deja en calma:
¿y teniendo yo más alma,
tengo menos libertad?
Nace el bruto, y con la piel
que dibujan manchas bellas,
apenas signo es de estrellas
gracias al docto pincel,
cuando atrevido y cruel
la humana necesidad

le enseña a tener crueldad,
monstruo de su laberinto:
¿y yo, con mejor instinto,
tengo menos libertad?
Nace el pez, que no respira,
aborto de ovas y lamas,
y apenas bajel de escamas
sobre las ondas se mira,
cuando a todas partes gira,
midiendo la inmensidad
de tanta capacidad
como le da el centro frío:
¿y yo, con más albedrío,
tengo menos libertad?
Nace el arroyo, culebra,
que entre flores se desata,
y apenas, sierpe de plata,
entre las flores se quiebra,
cuando músico celebra
de las flores la piedad
que le da la majestad
del campo abierto a su huida:
¿y teniendo yo más vida,
tengo menos libertad?
En llegando a esta pasión,
un volcán, un Etna hecho,
quisiera arrancar del pecho
pedazos del corazón:
¿qué ley, justicia o razón
negar a los hombres sabe
privilegio tan süave,
excepción tan principal,

que Dios le ha dado a un cristal,
a un pez, a un bruto y a un ave?

ROSAURA.—Temor y piedad en mí
sus razones han causado.

SEGISMUNDO.—¿Quién mis voces ha escuchado?
¿Es Clotaldo?

CLARÍN.—*(Aparte a su amo.)*
            Di que sí.

ROSAURA.—No es sino un triste, ¡ay de mí!,
que en estas bóvedas frías
oyó tus melancolías.

SEGISMUNDO.—Pues muerte aquí te daré,
porque no sepas que sé *(Ásela.)*
que sabes flaquezas mías.
Sólo porque me has oído,
entre mis membrudos brazos
te tengo de hacer pedazos.

CLARÍN.—Yo soy sordo, y no he podido
escucharte.

ROSAURA.—        Si has nacido
humano, baste el postrarme
a tus pies para librarme.

SEGISMUNDO.—Tu voz pudo enternecerme,
tu presencia suspenderme,
y tu respeto turbarme.
¿Quién eres? Que aunque yo aquí
tan poco del mundo sé,
que cuna y sepulcro fue

esta torre para mí;
y aunque desde que nací,
si esto es nacer, sólo advierto
este rústico desierto
donde miserable vivo,
siendo un esqueleto vivo,
siendo un animado muerto;
y aunque nunca vi ni hablé
sino a un hombre solamente
que aquí mis desdichas siente,
por quien las noticias sé
de cielo y tierra; y aunque
aquí, por más que te asombres
y monstruo humano me nombres
entre asombros y quimeras,
soy un hombre de las fieras
y una fiera de los hombres.
Y aunque en desdichas tan graves
la política he estudiado,
de los brutos enseñado,
advertido de las aves,
y de los astros süaves
los círculos he medido,
tú sólo has suspendido
la pasión a mis enojos,
la suspensión a mis ojos,
la admiración a mi oído.
Con cada vez que te veo
nueva admiración me das,
y cuando te miro más,
aun más mirarte deseo.
Ojos hidrópicos creo

que mis ojos deben ser;
pues cuando es muerte el beber,
beben más, y desta suerte,
viendo que el ver me da muerte,
estoy muriendo por ver.
Pero véate yo y muera;
que no sé, rendido ya,
si el verte muerte me da,
el no verte qué me diera.
Fuera más que muerte fiera,
ira, rabia y dolor fuerte;
fuera muerte: desta suerte
su rigor he ponderado,
pues dar vida a un desdichado
es dar a un dichoso muerte.

ROSAURA.— Con asombro de mirarte,
con admiración de oírte,
ni sé qué pueda decirte,
ni qué pueda preguntarte;
sólo diré que a esta parte
hoy el cielo me ha guiado
para haberme consolado,
si consuelo puede ser
del que es desdichado, ver
otro que es más desdichado.
Cuentan de un sabio, que un día,
tan pobre y mísero estaba,
que sólo se sustentaba
de unas hierbas que cogía.
¿Habrá otro, entre sí decía,
más pobre y triste que yo?

Y cuando el rostro volvió,
halló la respuesta, viendo
que iba otro sabio cogiendo
las hojas que él arrojó.
Quejoso de la fortuna
yo en este mundo vivía,
y cuando entre mí decía:
¿habrá otra persona alguna
de suerte más importuna?,
piadoso me has respondido;
pues volviendo en mi sentido,
hallo que las penas mías
para hacerlas tú alegrías
las hubieras recogido.
Y por si acaso mis penas
pueden en algo aliviarte,
óyelas atento, y toma
las que dellas me sobraren.
Yo soy...

## ESCENA III

CLOTALDO, SOLDADOS; SEGISMUNDO, ROSAURA, CLARÍN

CLOTALDO.—*(Dentro.)*
　　　　　Guardas desta torre,
que, dormidas o cobardes,
disteis paso a dos personas
que han quebrantado la cárcel...

ROSAURA.— Nueva confusión padezco.

SEGISMUNDO.— Éste es Clotaldo, mi alcaide.
     ¿Aun no acaban mis desdichas?

CLOTALDO.— *(Dentro.)*
     Acudid, y vigilantes,
     sin que puedan defenderse,
     o prendedles, o matadles.

VOCES.— *(Dentro.)*
     ¡Traición!

CLARÍN.—          Guardas desta torre,
     que entrar aquí nos dejasteis,
     pues que nos dais a escoger,
     el prendernos es más fácil.
     *(Salen Clotaldo y los soldados: él con
        una pistola, y todos con los rostros
        cubiertos.)*

CLOTALDO.— *(Aparte, a los soldados, al salir.)*
     Todos os cubrís los rostros:
     que es diligencia importante
     mientras estamos aquí
     que no nos conozca nadie.

CLARÍN.— ¿Enmascaraditos hay?

CLOTALDO.— ¡Oh vosotros, que ignorantes,
     de aqueste vedado sitio
     coto y término pasasteis
     contra el decreto del rey,
     que manda que no ose nadie
     examinar el prodigio
     que entre esos peñascos yace!

Rendid las armas y vidas,
o aquesta pistola, áspid
de metal, escupirá
el veneno penetrante
de dos balas, cuyo fuego
será escándalo del aire.

SEGISMUNDO.—Primero, tirano dueño,
que los ofendas ni agravies,
será mi vida despojo
destos lazos miserables;
pues en ellos, ¡vive Dios!,
tengo que despedazarme
con las manos, con los dientes,
entre aquestas peñas, antes
que su desdicha consienta
y que llore sus ultrajes.

CLOTALDO.—Si sabes que tus desdichas,
Segismundo, son tan grandes,
que antes de nacer moriste
por ley del cielo; si sabes
que aquestas prisiones son
de tus furias arrogantes
un freno que las detenga
y una rueda que las pare,
¿por qué blasonas? La puerta
                              (A los soldados.)
cerrad de esa estrecha cárcel;
escondedle en ella.

SEGISMUNDO.—                    ¡Ah, cielos,
qué bien hacéis en quitarme
la libertad! ¡Porque fuera

contra vosotros gigante,
que para quebrar al sol
esos vidrios y cristales,
sobre cimientos de piedra
pusiera montes de jaspe!

CLOTALDO.—Quizá porque no los pongas,
hoy padeces tantos males.
*(Llévanse algunos soldados a Segismun-
do, y enciérranle en la prisión.)*


## ESCENA IV

ROSAURA, CLOTALDO, CLARÍN, SOLDADOS


ROSAURA.—Ya que vi que la soberbia
te ofendió tanto, ignorante
fuera en no pedirte humilde
vida que a tus plantas yace.
Muévate en mí la piedad;
que será rigor notable,
que no hallen favor en ti
ni soberbias ni humildades.

CLARÍN.—Y si humildad ni soberbia
no te obligan, personajes
que han movido y removido
mil autos sacramentales,
yo, ni humilde ni soberbio,
sino entre las dos mitades

entreverado, te pido
que nos remedies y ampares.

CLOTALDO.— ¡Hola!

SOLDADOS.— Señor...

CLOTALDO.— A los dos
quitad las armas, y atadles
los ojos, por que no vean
cómo ni de dónde salen.

ROSAURA.—Mi espada es ésta, que a ti
solamente ha de entregarse,
porque, al fin, de todos eres
el principal, y no sabe
rendirse a menos valor.

CLARÍN.—La mía es tal, que puede darse
al más ruin: tomadla vos.

*(A un soldado.)*

ROSAURA.—Y si he de morir, dejarte
quiero, en fe desta piedad,
prenda que pudo estimarse
por el dueño que algún día
se la ciñó: que la guardes
te encargo, porque aunque ya
no sé qué secreto alcance,
sé que esta dorada espada
encierra misterios grandes,
pues sólo fiado en ella
vengo a Polonia a vengarme
de un agravio.

CLOTALDO.—*(Aparte.)* ¡Santos cielos!
¡Qué es esto! Ya son más graves

185

mis penas y confusiones,
mis ansias y mis pesares. *(Alto.)*
¿Quién te la dio?

ROSAURA.— Una mujer.

CLOTALDO.— ¿Cómo se llama?

ROSAURA.— Que calle
su nombre es fuerza.

CLOTALDO.— ¿De qué
infieres ahora, o sabes,
que hay secreto en esta espada?

ROSAURA.— Quien me la dio dijo: "Parte
a Polonia, y solicita
con ingenio, estudio o arte,
que te vean esa espada
los nobles o principales,
que yo sé que alguno dellos
te favorezca y ampare";
que por si acaso era muerto,
no quiso entonces nombrarle.

CLOTALDO.— *(Aparte.)*
¡Válgame el cielo, qué escucho!
Aun no sé determinarme
si tales sucesos son
ilusiones o verdades.
Ésta es la espada que yo
dejé a la hermosa Violante.
Por señas que el que ceñida
la trajera había de hallarme
amoroso como hijo

y piadoso como padre.
Pues ¿qué he de hacer, ¡ay de mí!,
en confusión semejante,
si quien la trae por favor,
para su muerte la trae,
pues que sentenciado a muerte
llega a mis pies? ¡Qué notable
confusión! ¡Qué triste hado!
¡Qué suerte tan inconstante!
Éste es mi hijo, y las señas
dicen bien con las señales
del corazón, que por verlo
llama al pecho y en él bate
las alas, y no pudiendo
romper los candados, hace
lo que aquel que está encerrado,
y oyendo ruido en la calle
se asoma por la ventana:
él así, como no sabe
lo que pasa, y oye el ruido,
ve a los ojos asomarse,
que son ventanas del pecho
por donde en lágrimas sale.
¿Qué he de hacer? ¡Valedme, cielos!
¿Qué he de hacer? Porque llevarle
al rey es llevarle, ¡ay triste!,
a morir. Pues ocultarle
al rey no puedo, conforme
a la ley del homenaje.
De una parte el amor propio,
y la lealtad de otra parte
me rinden. Pero ¿qué dudo?

La lealtad al rey ¿no es antes
que la vida y que el honor?
Pues ella viva y él falte.
Fuera de que si ahora atiendo
a que dijo que a vengarse
viene de un agravio, hombre
que está agraviado, es infame.
No es mi hijo, no es mi hijo.
Ni tiene mi noble sangre.
Pero si ya ha sucedido
un peligro, de quien nadie
se libró, porque el honor
es de materia tan frágil
que con una acción se quiebra,
o se mancha con un aire,
¿qué más puede hacer, qué más
el que es noble, de su parte,
que a costa de tantos riesgos
haber venido a buscarle?
Mi hijo es, mi sangre tiene,
pues tiene valor tan grande;
y así, entre una y otra duda,
el medio más importante
es irme al rey y decirle
que es mi hijo y que le mate.
Quizá la misma piedad
de mi honor podrá obligarle;
y si le merezco vivo,
yo le ayudaré a vengarse
de su agravio, mas si el rey,
en sus rigores constante,

le da muerte, morirá
sin saber que soy su padre.
*(A Rosaura y Clarín.)*
Venid conmigo, extranjeros,
No temáis, no, de que os falte
compañía en las desdichas,
pues en duda semejante
de vivir o de morir
no sé cuáles son más grandes. *(Vanse.)*


## ESCENA V

*Salón del palacio real en la corte*

ASTOLFO y SOLDADOS, *que salen por un lado, y por el otro, la infanta* ESTRELLA *y damas. Música militar dentro, y salvas*

ASTOLFO.—Bien al ver los excelentes
rayos que fueron cometas
mezclan salvas diferentes
las cajas y las trompetas,
los pájaros y las fuentes;
siendo con música igual,
y con maravilla suma,
a tu vista celestial
unos, clarines de pluma,
y otras, aves de metal;
y así os saludan, señora,
como a su reina las balas,

los pájaros como a Aurora,
las trompetas como a Palas
y las flores como a Flora;
porque sois, burlando el día
que ya la noche destierra,
Aurora, en el alegría,
Flora en paz, Palas en guerra,
y reina en el alma mía.

ESTRELLA.—Si la voz se ha de medir
con las acciones humanas,
mal habéis hecho en decir
finezas tan cortesanas,
donde os pueda desmentir
todo ese marcial trofeo
con quien ya atrevida lucho;
pues no dicen, según creo,
las lisonjas que os escucho,
con los rigores que veo.
Y advertir que es baja acción,
que sólo a una fiera toca,
madre de engaño y traición,
el halagar con la boca
y matar con la intención.

ASTOLFO.—Muy mal informada estáis,
Estrella, pues que la fe
de mis finezas dudáis,
y os suplico que me oigáis
la causa, a ver si la sé.
Falleció Eustorgio tercero,
rey de Polonia, y quedó
Basilio por heredero,

y dos hijas, de quien yo
y vos nacimos. No quiero
cansaros con lo que tiene
lugar aquí. Clorilene,
vuestra madre y mi señora,
que en mejor imperio ahora
dosel de luceros tiene,
fue la mayor, de quien vos
sois hija; fue la segunda,
madre y tía de los dos,
la gallarda Recisunda,
que guarde mil años Dios;
casó en Moscovia; de quien
nací yo. Volver ahora
al otro principio es bien.
Basilio, que ya, señora,
se rinde al común desdén
del tiempo, más inclinado
a los estudios, que, dado
a mujeres, enviudó
sin hijos, y vos y yo
aspiramos a este estado.
Vos alegáis que habéis sido
hija de hermano mayor;
yo, que varón he nacido,
y aunque de hermana menor,
os debo ser preferido.
Vuestra intención y la mía
a nuestro tío contamos;
él respondió que quería
componernos, y aplazamos
este puesto y este día.

Con esta intención salí
de Moscovia y de su tierra;
con ésta llegué hasta aquí,
en vez de haceros yo guerra
a que me la hagáis a mí.
¡Oh!, quiera amor, sabio dios,
que el vulgo, astrólogo cierto,
hoy lo sea con los dos,
y que pare este concierto
en que seáis reina vos,
pero reina en mi albedrío.
Dándoos, para más honor,
su corona nuestro tío,
sus triunfos vuestro valor
y su imperio el amor mío.

ESTRELLA.— A tan cortés bizarría
menos mi pecho no muestra,
pues la imperial monarquía,
para sólo hacerla vuestra
me holgara que fuera mía;
aunque no esté satisfecho
mi amor de que sois ingrato,
si en cuanto decís sospecho
que os miente ese retrato
que está pendiente del pecho.

ASTOLFO.— Satisfaceros intento
con él... Mas lugar no da
tanto sonoro instrumento      *(Tocan ca-*
que avisa que sale ya                    *[jas.)*
el rey con su parlamento.

192

## ESCENA VI

*El rey* BASILIO *y acompañamiento,* ASTOLFO, ESTRELLA,
SOLDADOS *y* DAMAS

ESTRELLA.— Sabio Tales...

ASTOLFO.—                    Docto Euclides...

ESTRELLA.— Que entre signos...

ASTOLFO.—                    Que entre estrellas...

ESTRELLA.— Hoy gobiernas...

ASTOLFO.—                    Hoy resides...

ESTRELLA.— Y sus caminos...

ASTOLFO.—                    Sus huellas...

ESTRELLA.— Describes...

ASTOLFO.—              Tasas y mides...

ESTRELLA.— Deja que en humildes lazos...

ASTOLFO.— Deja que en tiernos abrazos...

ESTRELLA.— Hiedra de ese tronco sea...

ASTOLFO.— Rendido a tus pies me vea.

BASILIO.— Sobrinos, dadme los brazos,
y creed, pues que leales
a mi precepto amoroso
venís con afectos tales,
que a nadie deje quejoso

y los dos quedéis iguales.
Y así, cuando me confieso
rendido al prolijo peso,
sólo os pido en la ocasión,
silencio, que admiración
ha de pedirla el suceso.
Ya sabéis, estadme atentos,
amados sobrinos míos,
corte ilustre de Polonia,
vasallos, deudos y amigos,
ya sabéis que yo en el mundo
por mi ciencia he merecido
el sobrenombre de docto,
pues, contra el tiempo y olvido,
los pinceles de Timantes,
los mármoles de Lisipo,
en el ámbito del orbe
me aclaman el gran Basilio.
Ya sabéis que son las ciencias
que más curso y más estimo,
matemáticas sutiles,
por quien al tiempo le quito,
por quien a la fama rompo
la jurisdicción y oficio
de enseñar más cada día;
pues cuando en mis tablas miro
presentes las novedades
de los venideros siglos,
le gano al tiempo las gracias
de contar lo que yo he dicho.
Esos círculos de nieve,
esos doseles de vidrio

que el sol ilumina a rayos,
que parte la luna a giros;
esos orbes de diamantes,
esos globos cristalinos
que las estrellas adornan
y que campean los signos,
son el estudio mayor
de mis años, son los libros
donde en papel de diamante,
en cuadernos de zafiro,
escribe con líneas de oro,
en caracteres distintos,
el cielo nuestros sucesos,
ya adversos o ya benignos.
Éstos leo tan veloz,
que con mi espíritu sigo
sus rápidos movimientos
por rumbos y por caminos.
¡Pluguiera al cielo primero
que mi ingenio hubiera sido
de sus márgenes comento
y de sus hojas registro,
hubiera sido mi vida
el primero desperdicio
de sus iras, y que en ellas
mi tragedia hubiera sido,
porque de los infelices
aun el mérito es cuchillo,
que a quien le daña el saber
homicida es de sí mismo!
Dígalo yo, aunque mejor
lo dirán sucesos míos,

para cuya admiración
otra vez silencio os pido.
En Clorilene, mi esposa,
tuve un infelice hijo,
en cuyo parto los cielos
se agotaron de prodigios.
Antes que a la luz hermosa
le diese el sepulcro vivo
de un vientre, porque el nacer
y el morir son parecidos,
su madre infinitas veces,
entre ideas y delirios
del sueño, vio que rompía
sus entrañas atrevido
un monstruo en forma de hombre,
y entre su sangre teñido
la daba muerte, naciendo
víbora humana del siglo.
Llegó de su parto el día,
y los presagios cumplidos,
porque tarde o nunca son
mentirosos los impíos,
nació en horóscopo tal,
que el sol, en su sangre tinto,
entraba sañudamente
con la luna en desafío;
y siendo valla la tierra,
los dos faroles divinos
a luz entera luchaban,
ya que no a brazo partido.
El mayor, el más horrendo
eclipse que ha padecido

el sol, después que con sangre
lloró la muerte de Cristo,
éste fue, porque anegado
el orbe en incendios vivos,
presumió que padecía
el último parasismo.
Los cielos se oscurecieron,
temblaron los edificios,
llovieron piedras las nubes,
corrieron sangre los ríos.
En aqueste, pues, del sol
ya frenesí, o ya delirio,
nació Segismundo, dando
de su condición indicios,
pues dio la muerte a su madre,
con cuya fiereza dijo:
Hombre soy, pues que ya empiezo
a pagar mal beneficios.
Yo, acudiendo a mis estudios,
en ellos y en todo miro
que Segismundo sería
el hombre más atrevido,
el príncipe más cruel
y el monarca más impío,
por quien su reino vendría
a ser parcial y diviso,
escuela de las traiciones
y academia de los vicios;
y él, de su furor llevado,
entre asombros y delitos,
había de poner en mí
las plantas, y yo, rendido,

a sus pies me había de ver,
¡con qué vergüenza lo digo!,
siendo alfombra de sus plantas
las canas del rostro mío.
¿Quién no da crédito al daño,
y más al daño que ha visto
en su estudio, donde hace
el amor propio su oficio?
Pues dando crédito yo
a los hados, que divinos
me pronosticaban daños
en fatales vaticinios,
determiné de encerrar
la fiera que había nacido,
por ver si el sabio tenía
en las estrellas dominio.
Publicóse que el infante
nació muerto, y prevenido
hice labrar una torre
entre las peñas y riscos
de esos montes, donde apenas
la luz ha hallado camino,
por defenderle la entrada
sus rústicos obeliscos.
Las graves penas y leyes,
que con públicos edictos
declararon que ninguno
entrase a un vedado sitio
del monte, se ocasionaron
de las causas que os he dicho.
Allí Segismundo vive
mísero, pobre y cautivo,

a donde sólo Clotaldo
le ha hablado, tratado y visto.
Éste le ha enseñado ciencias;
éste en la ley le ha instruido
católica, siendo solo
de sus miserias testigo.
Aquí hay tres cosas: la una
que yo, Polonia, os estimo
tanto, que os quiero librar
de la opresión y servicio
de un rey tirano, porque
no fuera señor benigno
el que a su patria y su imperio
pusiera en tanto peligro.
La otra es considerar
que si a mi sangre le quito
el derecho que le dieron
humano fuero y divino,
no es cristiana caridad;
pues ninguna ley ha dicho
que por reservar yo a otro
de tirano y de atrevido,
pueda yo serlo, supuesto
que si es tirano mi hijo,
porque él delitos no haga,
vengo yo a hacer los delitos.
Es la última y tercera
el ver cuánto yerro ha sido
dar crédito fácilmente
a los sucesos previstos;
pues aunque su inclinación
le dicte sus precipicios,

quizá no le vencerán,
porque el hado más esquivo,
la inclinación más violenta,
el planeta más impío,
sólo el albedrío inclinan,
no fuerzan el albedrío.
Y así, entre una y otra causa
vacilante y discursivo,
previne un remedio tal,
que os suspenda los sentidos.
Yo he de ponerle mañana,
sin que él sepa que es mi hijo
y rey vuestro, a Segismundo,
que aqueste su nombre ha sido,
en mi dosel, en mi silla,
y en fin, en el lugar mío,
donde os gobierne y os mande,
y donde todos rendidos
la obediencia le juréis;
pues con aquesto consigo
tres cosas, con que respondo
a las otras tres que he dicho.
Es la primera, que siendo
prudente, cuerdo y benigno,
desmintiendo en todo al hado
que dél tantas cosas dijo,
gozaréis el natural
príncipe vuestro, que ha sido
cortesano de unos montes
y de sus fieras vecino.
Es la segunda, que si él

soberbio, osado, atrevido
y cruel con rienda suelta
corre el campo de sus vicios,
habré yo, piadoso, entonces
con mi obligación cumplido;
y luego en desposeerle
haré como rey invicto,
siendo el volverle a la cárcel
no crueldad, sino castigo.
Es la tercera, que siendo
el príncipe como os digo,
por lo que os amo, vasallos,
os daré reyes más dignos
de la corona y del cetro;
pues serán mis dos sobrinos,
que junto en uno el derecho
de los dos, y convencidos
con la fe del matrimonio,
tendrán lo que han merecido.
Esto como rey os mando,
esto como padre os pido,
esto como sabio os ruego,
esto como anciano os digo;
y si el Séneca español,
que era humilde esclavo, dijo,
de su república un rey,
como esclavo os lo suplico.

ASTOLFO.—Si a mí responder me toca,
como el que, en efecto, ha sido
aquí el más interesado,
en nombre de todos digo,

que Segismundo parezca,
que le basta ser tu hijo.

TODOS.—Danos al príncipe nuestro,
que ya por rey le pedimos.

BASILIO.—Vasallos, esa fineza
os agradezco y estimo.
Acompañad a sus cuartos
a los dos atlantes míos,
que mañana le veréis.

TODOS.— ¡Viva el grande rey Basilio!
*(Éntranse todos acompañando a Estre-
lla y a Astolfo; quédase el rey.)*


ESCENA VII

CLOTALDO, ROSAURA, CLARÍN ; BASILIO


CLOTALDO.—*(Al rey.)*

¿Podréte hablar?

BASILIO.—                    ¡Oh Clotaldo!
Tú seas muy bien venido.

CLOTALDO.—Aunque viniendo a tus plantas
era fuerza haberlo sido.
Esta vez rompe, señor,
el hado triste y esquivo,

el privilegio a la ley
y a la costumbre el estilo.

BASILIO.— ¿Qué tienes?

CLOTALDO.—                    Una desdicha,
señor, me ha sucedido,
cuando pudiera tenerla
por el mayor regocijo.

BASILIO.— Prosigue.

CLOTALDO.—                    Este bello joven,
osado o inadvertido,
entró en la torre, señor,
adonde al príncipe ha visto,
y es...

BASILIO.—                    No os aflijáis, Clotaldo.
Si otro día hubiera sido,
confieso que lo sintiera;
pero ya el secreto he dicho,
y no importa que él lo sepa,
supuesto que yo lo digo.
Vedme después, porque tengo
muchas cosas que advertiros
y muchas que hagáis por mí;
que habéis de ser, os aviso,
instrumento del mayor
suceso que el mundo ha visto:
y a esos presos, porque al fin
no presumáis que castigo
descuidos vuestros, perdono. *(Vase.)*

CLOTALDO.— ¡Vivas, gran señor, mil siglos!

## ESCENA VIII

### CLOTALDO, ROSAURA, CLARÍN

CLOTALDO.—*(Aparte.)*
    Mejoró el cielo la suerte.
    Ya no diré que es mi hijo,
    pues que lo puedo excusar. *(Alto.)*
    Extranjeros peregrinos,
    libres estáis.

ROSAURA.—            Tus pies beso
    mil veces.

CLARÍN.—            Y yo los viso,
    que una letra más o menos
    no reparan dos amigos.

ROSAURA.—La vida, señor, me has dado;
    y pues a tu cuenta vivo,
    eternamente seré
    esclavo tuyo.

CLOTALDO.—            No ha sido
    vida la que yo te he dado;
    porque un hombre bien nacido,
    si está agraviado, no vive;
    y supuesto que has venido
    a vengarte de un agravio,
    según tú propio me has dicho,
    no te he dado vida yo,

porque tú no la has traído;
que vida infame no es vida. *(Aparte.)*

Bien con aquesto le animo.
ROSAURA.— Confieso que no la tengo,
aunque de ti la recibo;
pero ya con la venganza
dejaré mi honor tan limpio,
que pueda mi vida luego,
atropellando peligros,
parecer dádiva tuya.

CLOTALDO.— Toma el acero bruñido
que trajiste; que yo sé
que él baste, en sangre teñido
de tu enemigo, a vengarte;
porque acero que fue mío,
digo este instante, ese rato
que en mi poder le he tenido,
sabrá vengarte.

ROSAURA.—                           En tu nombre
segunda vez me lo ciño.
Y en él juro mi venganza,
aunque fuese mi enemigo
más poderoso.

CLOTALDO.—                       ¿Eslo mucho?

ROSAURA.— Tanto, que no te lo digo.
No porque de tu prudencia
mayores cosas no fío,
sino porque no se vuelva
contra mí el favor que admiro
en tu piedad.

CLOTALDO.—              Antes fuera
             ganarme a mí con decirlo;
             pues fuera cerrarme el paso
             de ayudar a tu enemigo. *(Aparte.)*
             ¡Oh si supiera quién es!

ROSAURA.—Porque no pienses que estimo
             tan poco esa confianza,
             sabe que el contrario ha sido
             no menos que Astolfo, duque
             de Moscovia.

CLOTALDO.—*(Aparte.)*     Mal resisto
             el dolor, porque es más grave,
             que fue imaginado, visto.
             Apuremos más el caso. *(Alto.)*
             Si moscovita has nacido,
             el que es natural señor,
             mal agraviarte ha podido:
             vuélvete a tu patria, pues,
             y deja el ardiente brío
             que te despeña.

ROSAURA.—              Yo sé
             que aunque mi príncipe ha sido,
             pudo agraviarme.

CLOTALDO.—            No pudo,
             aunque pusiera atrevido
             la mano en tu rostro. *(Aparte.)* ¡Ay,

ROSAURA.—Mayor fue el agravio mío.     [cielos!

CLOTALDO.—Dilo ya, pues que no puedes
             decir más que yo imagino.

ROSAURA.— Sí dijera, mas no sé
con qué respeto te miro,
con qué afecto te venero,
con qué estimación te asisto,
que no me atrevo a decirte
que es este exterior vestido
enigma, pues no es de quien
parece : juzga advertido,
si no soy lo que parezco
y Astolfo a casarse vino
con Estrella, si podrá
agraviarme. Harto te he dicho.
*(Vanse Rosaura y Clarín.)*

CLOTALDO.— ¡Escucha, aguarda, detente!
¿Qué confuso laberinto
es éste, donde no puede
hallar la razón el hilo?
Mi honor es el agraviado,
poderoso el enemigo,
yo vasallo, ella mujer :
descubra el cielo el camino;
aunque no sé si podrá,
cuando en tan confuso abismo
es todo el cielo un presagio,
y es todo el mundo un prodigio.

## ACTO SEGUNDO

*Salón del Palacio Real*

### ESCENA I

BASILIO, CLOTALDO

CLOTALDO.—Todo, como lo mandaste,
      queda efectuado.

BASILIO.—               Cuenta,
      Clotaldo, cómo pasó.

CLOTALDO.—Fue, señor, desta manera :
      con la apacible bebida
      que de confecciones llena
      hacer mandaste, mezclando
      la virtud de algunas yerbas,
      cuyo tirano poder
      y cuya secreta fuerza
      así al humano discurso
      priva, roba y enajena,
      que deja vivo cadáver

a un hombre, y cuya violencia,
adormecido le quita
los sentidos y potencias...
No tenemos que argüir
que aquesto posible sea,
pues tantas veces, señor,
nos ha dicho la experiencia,
y es cierto, que de secretos
naturales está llena
la medicina, y no hay
animal, planta ni piedra
que no tenga calidad
determinada, y si llega
a examinar mil venenos
la humana malicia nuestra
que den la muerte, ¿qué mucho
que, templada su violencia,
pues hay venenos que matan,
haya venenos que aduerman?
Dejando aparte el dudar,
si es posible que suceda,
pues que ya queda probado
con razones y evidencias...
con la bebida, en efecto,
que el opio, la adormidera
y el beleño compusieron,
bajé a la cárcel estrecha
de Segismundo, y con él
hablé un rato de las letras
humanas, que le ha enseñado
la muda naturaleza
de los montes y los cielos,

en cuya divina escuela
la retórica aprendió
de las aves y las fieras.
Para levantarle más
el espíritu a la empresa
que solicitas, tomé
por asunto la presteza
de un águila caudalosa,
que desprendiendo la esfera
del viento, pasaba a ser
en las regiones supremas
del fuego rayo de pluma,
o desasido cometa.
Encarecí el vuelo altivo
diciendo: "Al fin eres reina
de las aves, y así, a todas
es justo que las prefieras".
Él no hubo menester más;
que en tocando esta materia
de la majestad, discurre
con ambición y soberbia;
porque, en efecto, la sangre
le incita, mueve y alienta
a cosas grandes, y dijo:
"¡Que en la república inquieta
de las aves también haya
quien les jure la obediencia!
En llegando a este discurso,
mis desdichas me consuelan;
pues, por lo menos, si estoy
sujeto, lo estoy por fuerza;
porque voluntariamente

a otro hombre no me rindiera."
Viéndole ya enfurecido
con esto, que ha sido el tema
de su dolor, le brindé
con la pócima, y apenas
pasó desde el vaso al pecho
el licor, cuando las fuerzas
rindió al sueño, discurriendo
por los miembros y las venas
un sudor frío, de modo
que, a no saber yo que era
muerte fingida, dudara
de su vida. En esto llegan
las gentes de quien tú fías
el valor de esta experiencia,
y poniéndole en un coche
hasta tu cuarto le llevan,
donde prevenida estaba
la majestad y    grandeza
que es digna de su persona.
Allí en tu cama le acuestan,
donde al tiempo que el letargo
haya perdido la fuerza,
como a ti mismo, señor,
le sirvan, si así lo ordenas.
Y si haberte obedecido
te obliga a que yo merezca
galardón, sólo te pido,
perdona mi inadvertencia,
que me digas, ¿qué es tu intento,
trayendo desta manera
a Segismundo a palacio?

BASILIO.—Clotaldo, muy justa es esa
duda que tienes, y quiero
sólo a ti satisfacerla.
A Segismundo, mi hijo,
el influjo de su estrella,
¡bien lo sabes!, amenaza
mil desdichas y tragedias:
quiero examinar si el cielo,
que no es posible que mienta,
y más habiéndonos dado
de su rigor tantas muestras,
en su cruel condición
o se mitiga, o se templa
por lo menos, y vencido
con valor y con prudencia
se desdice; porque el hombre
predomina en las estrellas.
Esto quiero examinar,
trayéndole donde sepa
que es mi hijo, y donde haga
de· su talento la prueba.
Si magnánimo la vence,
reinará; pero si muestra
el ser cruel y tirano,
le volveré a su cadena.
Ahora preguntarás,
que para aquesta experiencia,
¿qué importó haberle traído
dormido desta manera?
Y quiero satisfacerte,
dándote a todo respuesta.
Si él supiera que es mi hijo

hoy, y mañana se viera
segunda vez reducido
a su prisión y miseria,
cierto es de su condición
que desesperara en ella;
porque sabiendo quién es,
¿qué consuelo habrá que tenga?
Y así he querido dejar
abierta al daño la puerta
del decir que fue soñado
cuanto vio. Con esto llegan
a examinarse dos cosas:
su condición, la primera;
pues él despierto procede
en cuanto imagina y piensa;
y el consuelo, la segunda;
pues aunque ahora se vea
obedecido, y después
a sus prisiones se vuelva,
podrá entender que soñó,
y hará bien cuando lo entienda;
porque en el mundo, Clotaldo,
todos los que viven sueñan.

CLOTALDO.—Razones no me faltaran
para probar que no aciertas;
mas ya no tiene remedio;
y según dicen las señas,
parece que ha despertado,
y hacia nosotros se acerca.

BASILIO.—Yo me quiero retirar.
Tú, como ayo suyo, llega,

y de tantas confusiones
como su discurso cercan,
le sacas con la verdad.

CLOTALDO.— ¿En fin, que me das licencia
para que lo diga?

BASILIO.—                              Sí;
que podrá ser, con saberla,
que, conocido el peligro,
más fácilmente se venza. *(Vase.)*


ESCENA II

CLARÍN; CLOTALDO


CLARÍN.—*(Aparte.)*

A costa de cuatro palos
que el llegar aquí me cuesta,
de un alabardero rubio
que barbó de su librea,
tengo que ver cuanto pasa;
que no hay ventana más cierta
que aquella que sin rogar
a un ministro de boletas,
un hombre se trae consigo;
pues para todas las fiestas,
despojado y despejado
se asoma a su desvergüenza.

CLOTALDO.—*(Aparte.)*
Éste es Clarín, el criado
de aquella, ¡ay cielos!, de aquella
que, tratante de desdichas,
pasó a Polonia mi afrenta. *(A Clarín.)*
Clarín, ¿qué hay de nuevo?

CLARÍN.—                              Hay,
señor, que tu gran clemencia,
dispuesta a vengar agravios
de Rosaura, la aconseja
que tome su propio traje.

CLOTALDO.—Y es bien, por que no parezca
liviandad.

CLARÍN.—              Hay, que mudando
su nombre, y tomando, cuerda,
nombre de sobrina tuya,
hoy tanto honor se acrecienta,
que dama en palacio ya
de la singular Estrella
vive.

CLOTALDO.—        Es bien que de una vez
tome su honor por mi cuenta.

CLARÍN.—Hay, que ella está esperando
que ocasión y tiempo venga
en que vuelvas por su honor.

CLOTALDO.—Prevención segura es ésa;
que al fin el tiempo ha de ser
quien haga esas diligencias.

CLARÍN.—Hay, que ella está regalada,
servida como una reina,

en fe de sobrina tuya.
Y hay, que viviendo con ella,
estoy yo muriendo de hambre
y nadie de mí se acuerda,
sin mirar que soy Clarín,
y que si el tal Clarín suena,
podrá decir cuanto pasa
al rey, a Astolfo y a Estrella;
porque Clarín y criado
son dos cosas que se llevan
con el secreto muy mal;
y podrá ser, si me deja
el silencio de su mano,
se cante por mí esta letra:
"Clarín que rompe el albor,
no suena mejor."

CLOTALDO.— Tu queja está bien fundada;
yo satisfaré tu queja,
y en tanto, sírveme a mí.

CLARÍN.— Pues ya Segismundo llega.


## ESCENA III

*Músicos cantando, criados dando de vestir a* SEGIS-
MUNDO, *que sale como asombrado.* CLOTALDO, CLARÍN


SEGISMUNDO.— ¡Válgame el cielo, qué veo!
¡Válgame el cielo, qué miro!

Con poco espanto lo admiro,
con mucha duda lo creo.
¿Yo en palacios suntuosos?
¿Yo entre telas y brocados?
¿Yo cercado de criados
tan lucidos y briosos?
¿Yo despertar de dormir
en lecho tan excelente?
¿Yo en medio de tanta gente
que me sirva de vestir?
Decir que sueño es engaño:
bien sé que despierto estoy.
¿Yo Segismundo no soy?
Dadme, cielos, desengaño.
Decidme, ¿qué pudo ser
esto que a mi fantasía
sucedió mientras dormía,
que aquí me he llegado a ver?
Pero sea lo que fuere,
¿quién me mete a discurrir?
Dejarme quiero servir,
y venga lo que viniere.

CRIADO 1.º—*(Aparte al criado 2.º y a Clarín.)*
¡Qué melancólico está!

CRIADO 2.º—¿Pues a quién le sucediera
esto, que no lo estuviera?

CLARÍN.—A mí.

CRIADO 2.º— Llega a hablarle ya.

CRIADO 1.º—*(A Segismundo.)*
¿Volverán a cantar?

SEGISMUNDO.— No.
No quiero que canten más.

CRIADO 2.º—Como tan suspenso estás,
quise divertirte.

SEGISMUNDO.— Yo
no tengo de divertir
con sus voces mis pesares;
las músicas militares
sólo he gustado de oír.

CLOTALDO.—Vuestra alteza, gran señor,
me dé su mano a besar,
que el primero os ha de dar
esta obediencia mi honor.

SEGISMUNDO.—*(Aparte.)*
Clotaldo es: pues ¿cómo así,
quien en prisión me maltrata,
con tal respeto me trata?
¿Qué es lo que pasa aquí?

CLOTALDO.—Con la grande confusión
que el nuevo estado te da,
mil dudas padecerá
el discurso y la razón;
pero ya librarte quiero
de todas, si puede ser,
porque has, señor, de saber
que eres príncipe heredero
de Polonia. Si has estado
retirado y escondido,
por obedecer ha sido
a la inclemencia del hado,

que mil tragedias consiente
a este imperio, cuando en él
el soberano laurel
corone tu augusta frente.
Mas fiando a tu atención
que vencerás las estrellas,
porque es posible vencellas
un magnífico varón,
a palacio te han traído
de la torre en que vivías,
mientras al sueño tenías
el espíritu rendido.
Tu padre, el rey, mi señor,
vendrá a verte, y dél sabrás,
Segismundo, lo demás.

SEGISMUNDO.—Pues, vil, infame, traidor,
¿qué tengo más de saber,
después de saber quién soy
para mostrar desde hoy
mi soberbia y mi poder?
¿Cómo a tu patria le has hecho
tal traición, que me ocultaste
a mí, pues que me negaste,
contra razón y derecho,
este estado?

CLOTALDO.— ¡Ay de mí, triste!

SEGISMUNDO.—Traidor fuiste con la ley,
lisonjero con el rey,
y cruel conmigo fuiste:
y así el rey, la ley y yo,

entre desdichas tan fieras,
te condenan a que mueras
a mis manos.

CRIADO 2.º—                    Señor...

SEGISMUNDO.—                         No
me estorbe nadie, que es vana
diligencia; ¡y vive Dios!
si os ponéis delante vos,
que os eche por la ventana.

CRIADO 2.º—Huye, Clotaldo.

CLOTALDO.—                    ¡Ay de ti,
qué soberbia vas mostrando,
sin saber que estás soñando! *(Vase.)*

CRIADO 2.º—Advierte...

SEGISMUNDO.—          Aparta de aquí.

CRIADO 2.º—Que a su rey obedeció.

SEGISMUNDO.—En lo que no es justa ley
no ha de obedecer al rey,
y su príncipe era yo.

CRIADO 2.º—Él no debió examinar
si era bien hecho o mal hecho.

SEGISMUNDO.—Que estáis mal con vos sospecho,
pues me dais que replicar.

CLARÍN.—Dice el príncipe muy bien,
y vos hicisteis muy mal.

CRIADO 2.º—¿Quién os dio licencia igual?

CLARÍN.—Yo me la he tomado.

SEGISMUNDO.— ¿Quién
eres tú, di?

CLARÍN.— Entremetido.
Y deste oficio soy jefe,
porque soy el mequetrefe
mayor que se ha conocido.

SEGISMUNDO.—Tú solo en tan nuevos mundos
me has agradado.

CLARÍN.— Señor,
soy un grande agradador
de todos los Segismundos.

ESCENA IV

ASTOLFO; SEGISMUNDO, CLARÍN. *criados, músicos*

ASTOLFO — ¡Feliz mil veces el día,
oh príncipe, que os mostráis
sol de Polonia, y llenáis
de resplandor y alegría
todos esos horizontes
con tal divino arrebol;
pues que salís, como el sol,
de los senos de los montes!
Salid, pues, y aunque tan tarde
se corona vuestra frente

                    del laurel resplandeciente,
                    tarde muera.

SEGISMUNDO.—                Dios os guarde.

   ASTOLFO.— El no haberme conocido
                    sólo por disculpa os doy
                    de no honrarme más. Yo soy
                    Astolfo, duque he nacido
                    de Moscovia, y primo vuestro:
                    haya igualdad en los dos.

SEGISMUNDO.— Si digo que os guarde Dios,
                    ¿bastante agrado no os muestro?
                    Pero ya que haciendo alarde
                    de quien sois, desto os quejáis,
                    otra vez que me veais
                    le diré a Dios que no os guarde.

   CRIADO 2.º— *(Á Astolfo.)*
                    Vuestra alteza considere
                    que como en montes nacido
                    con todos ha procedido. *(A Segismun-*
                    Astolfo, señor, prefiere...            [*do.)*

SEGISMUNDO.— Cansóme como llegó
                    grave a hablarme, y lo primero
                    que hizo, se puso el sombrero.

   CRIADO 2.º— Es grande.

SEGISMUNDO.—                Mayor soy yo.

   CRIADO 2.º— Con todo eso, entre los dos
                    que haya más respeto es bien
                    que entre los demás.

SEGISMUNDO.— ¿Y quién
os mete conmigo a vos?


## ESCENA V

ESTRELLA, *y dichos*


ESTRELLA.— Vuestra alteza, señor, sea
muchas veces bien venido
al dosel que agradecido
le recibe y le desea;
a donde, a pesar de engaños,
viva augusto y eminente,
donde su vida se cuente
por siglos, y no por años.

SEGISMUNDO.—*(A Clarín.)*
Dime tú ahora, ¿quién es
esa beldad soberana?
¿Quién es esta diosa humana,
a cuyos divinos pies
postra el cielo su arrebol?
¿Quién es esta mujer bella?

CLARÍN.—Es, señor, tu prima Estrella.

SEGISMUNDO.—Mejor dijeras el sol,
aunque el parabién es bien *(A Estrella.)*
darme del bien que conquisto,
de sólo haberos hoy visto
os admito el parabién;

y así, de llegarme a ver
con el bien que no merezco,
el parabién agradezco.
Estrella, que amanecer
podéis, y dar alegría
al más luciente farol,
¿que dejáis que hacer al sol,
si os levantáis con el día?
Dadme a besar vuestra mano,
en cuya copa de nieve
el aura candores bebe.

ESTRELLA.—Sed más galán cortesano.

ASTOLFO.—*(Aparte.)*
    ¡Soy perdido!

CRIADO 2.º—*(Aparte.)*    El pesar sé
de Astolfo, y le estorbaré. *(Alto.)*
Advierte, señor, que no
es justo atreverse así,
y estando Astolfo...

SEGISMUNDO.—
    ¿No digo
que vos no os metáis conmigo?

CRIADO 2.º—Digo lo que es justo.

SEGISMUNDO.—
    A mí
todo eso me causa enfado.
Nada me parece justo
en siendo contra mi gusto.

CRIADO 2.º—Pues yo, señor, he escuchado
de ti que en lo justo es bien
obedecer y servir.

SEGISMUNDO.—También oíste decir
que por un balcón, a quien
me canse, sabré arrojar.

CRIADO 2.º—Con los hombres como yo
no puede hacerse eso.

SEGISMUNDO.— ¿No?
¡Por Dios que lo he de probar!
*(Cógele en los brazos y éntrase, y todos
tras él, volviendo a salir inmediata-
mente.)*

ASTOLFO.— ¿Qué es esto que llego a ver?

ESTRELLA.—Idle todos a estorbar. *(Vase.)*

SEGISMUNDO.—*(Volviendo.)*
Cayó del balcón al mar:
¡vive Dios que pudo ser!

ASTOLFO.— Pues medid con más espacio
vuestras acciones severas,
que lo que hay de hombres a fieras,
hay desde un monte a palacio.

SEGISMUNDO.—Pues en dando tan severo
en hablar con entereza,
quizá no hallaréis cabeza
en que se os tenga el sombrero. *(Vase
[Astolfo.)*

225

## ESCENA VI

BASILIO; SEGISMUNDO, CLARÍN, *criados*

BASILIO.— ¿Qué ha sido esto?

SEGISMUNDO.—                              Nada ha sido...
A un hombre, que me ha cansado,
desde el balcón he arrojado.

CLARÍN.— *(A Segismundo.)*
Que es el rey está advertido.

BASILIO.—¿Tan presto una vida cuesta
tu venida el primer día?

SEGISMUNDO.—Díjome que no podía
hacerse, y gané la apuesta.

BASILIO.— Pésame mucho que cuando,
príncipe, a verte he venido,
pensando hallarte advertido,
de hados y estrellas triunfando,
con tanto rigor te vea,
y que la primera acción
que has hecho en esta ocasión,
un grave homicidio sea.
¿Con qué amor llegar podré
a darte ahora mis brazos,
si de sus soberbios lazos
que están enseñados sé
a dar muerte? ¿Quién llegó

a ver desnudo el puñal
que dio una herida mortal,
que no temiese? ¿Quién vio
sangriento el lugar, adonde
a otro hombre le dieron muerte,
que no sienta? Que el más fuerte
a su natural responde.
Yo así, que en tus brazos miro
desta muerte el instrumento,
y miro el lugar sangriento,
de tus brazos me retiro:
y aunque amorosos lazos
ceñir tu cuello pensé,
sin ellos me volveré,
que tengo miedo a tus brazos.

SEGISMUNDO.— Sin ellos me podré estar
como me he estado hasta aquí;
que un padre que contra mí
tanto rigor sabe usar,
que su condición ingrata
de su lado me desvía,
como a una fiera me cría,
y como a un monstruo me trata,
y mi muerte solicita,
de poca importancia fue
que los brazos no me dé,
cuando el ser de hombre me quita.

BASILIO.— Al cielo y a Dios plugiera
que a dártelo no llegara;
pues ni tu voz escuchara,
ni tu atrevimiento viera.

SEGISMUNDO.—Si no me le hubieras dado,
no me quejara de ti;
pero una vez dado, sí,
por habérmelo quitado,
pues aunque el dar la acción es
más noble y más singular,
es mayor bajeza dar
para quitarlo después.

BASILIO.—¡Bien me agradeces el verte
de un humilde y pobre preso,
príncipe ya!

SEGISMUNDO.—                    Pues es eso
¿qué tengo que agradecerte?
Tirano de mi albedrío,
si viejo y caduco estás,
muriéndote, ¿qué me das?
¿Dasme más de lo que es mío?
Mi padre eres y mi rey;
luego toda esta grandeza
me la da naturaleza
por derecho de su ley.
Luego aunque esté en tal estado,
obligado no te quedo,
y pedirte cuentas puedo
del tiempo que me has quitado
libertad, vida y honor;
y así agradéceme a mí
que yo no cobre de ti,
pues eres tú mi deudor.

BASILIO.—Bárbaro eres y atrevido;
cumplió su palabra el cielo;

y así, para el mismo apelo,
soberbio y desvanecido.
Y aunque sepas ya quién eres,
y desengañado estés,
y aunque en un lugar te ves
donde a todos te prefieres,
mira bien lo que te advierto,
que seas humilde y blando,
porque quizá estás soñando,
aunque ves que estás despierto. *(Vase.)*

SEGISMUNDO.— ¿Que quizá soñando estoy
aunque despierto me veo?
No sueño, pues toco y creo
lo que he sido y lo que soy.
Y aunque ahora te arrepientas,
poco remedio tendrás:
sé quien soy, y no podrás
aunque suspires y sientas,
quitarme el haber nacido
desta corona heredero;
y si me viste primero
a las prisiones rendido,
fue porque ignoré quién era;
pero ya informado estoy
de quién soy, y sé que soy
un compuesto de hombre y fiera.

## ESCENA VII

ROSAURA, *en traje de mujer;* SEGISMUNDO,
CLARÍN, *criados*

ROSAURA.—*(Aparte.)*
Siguiendo a Estrella vengo,
y gran temor de hallar a Astolfo tengo,
que Clotaldo desea
que no sepa quién soy, y no me vea,
porque dice que importa al honor mío:
y de Clotaldo fío
su efecto, pues le debo agradecida
aquí el amparo de mi honor y vida.

CLARÍN.—*(A Segismundo.)*
¿Qué es lo que te ha agradado
más de cuanto aquí has visto y admi-
[rado?

SEGISMUNDO.—Nada me ha suspendido,
que todo lo tenía prevenido;
mas si admirarme hubiera
algo en el mundo, la hermosura fuera
de la mujer. Leía
una vez yo en los libros que tenía,
que lo que a Dios mayor estudio debe,
era el hombre, por ser un mundo breve;
mas ya que lo es recelo

la mujer, pues ha sido un breve cielo;
y más beldad encierra
que el hombre, cuanto va de cielo a
y más si es la que miro.          [tierra;

ROSAURA.—*(Aparte.)*
El príncipe está aquí; yo me retiro.

SEGISMUNDO.—Oye, mujer, detente;
no juntes el ocaso y el oriente,
huyendo al primer paso;
que juntos el oriente y el ocaso,
la luz y sombra fría,
serás sin duda síncopa del día.
Pero ¿qué es lo que veo?

ROSAURA.—Lo mismo que estoy viendo: dudo y
[creo.

SEGISMUNDO.– *(Aparte.)*
Yo he visto esta belleza
otra vez.

ROSAURA.—*(Aparte.)* Yo esta pompa, esta grandeza
he visto reducida
a una estrecha prisión.

SEGISMUNDO.– *(Aparte.)*          Ya hallé mi vida.
Mujer, que aqueste nombre
es el mejor requiebro para el hombre,
¿quién eres? Que sin verte
adoración me debes, y de suerte
por la fe te conquisto
que me persuado a que otra vez te he
¿Quién eres, mujer bella?          [visto.

ROSAURA.—*(Aparte.)*

Disimular me importa. Soy de Estrella
una infelice dama.

SEGISMUNDO.—No digas tal : di el sol, a cuya llama
aquella estrella vive,
pues de tus rayos resplandor recibe;
yo vi en reino de olores
que presidía entre escuadrón de flores
la deidad de la rosa,
y era su emperatriz por más hermosa;
yo vi entre piedras finas
de la docta academia de sus minas
preferir el diamante,
y ser emperador por más brillante;
yo en esas cortes bellas
de la inquieta república de estrellas,
vi en el lugar primero
por rey de las estrellas al lucero;
yo en esferas perfetas,
llamando el sol a cortes los planetas,
le vi que presidía,
como mayor oráculo del día.
¿Pues cómo si entre flores, entre es-
[trellas,
piedras, signos, planetas, las más bellas
prefieren, tú has servido
la de menos beldad, habiendo sido
por más bella y hermosa,
sol, lucero, diamante, estrella y rosa?

## ESCENA VIII

CLOTALDO, *que se queda al paño;* SEGISMUNDO,
ROSAURA, CLARÍN, *criados*

CLOTALDO.— *(Aparte.)*
A Segismundo reducir deseo,
porque en fin le he criado: mas ¡qué
[veo!

ROSAURA.— Tu favor reverencio;
respóndete retórico el silencio:
cuando tan torpe la razón se halla,
mejor habla, señor, quien mejor calla.

SEGISMUNDO.—No has de ausentarte, espera.
¿Cómo quieres dejar de esa manera
a oscuras mi sentido?

ROSAURA.— Esta licencia a vuestra alteza pido.

SEGISMUNDO.—Irte con tal violencia
no es pedirla, es tomarte la licencia.

ROSAURA.— Pues si tú no la das, tomarla espero.

SEGISMUNDO.— Harás que de cortés pase a grosero,
porque la resistencia
es veneno cruel de mi paciencia.

ROSAURA.— Pues cuando ese veneno,
de furia, de rigor y saña lleno,

la paciencia venciera,
mi respeto no osara, ni pudiera.

SEGISMUNDO.—Sólo por ver si puedo,
harás que pierda a tu hermosura el
que soy muy inclinado          [miedo,
a vencer lo imposible: hoy he arrojado
de ese balcón a un hombre, que decía
que hacerse no podía;
y así por ver si puedo, cosa es llana
que arrojaré tu honor por la ventana.

CLOTALDO.— *(Aparte.)*
Mucho se va empeñando.
¿Qué he de hacer, cielos, cuando
tras un loco deseo
mi honor segunda vez a riesgo veo?

ROSAURA.— No en vano prevenía
a este reino infeliz tu tiranía
escándalos tan fuertes
de delitos, traiciones, iras, muertes.
¿Mas qué ha de hacer un hombre
que no tiene de humano más que el
atrevido, inhumano,          [nombre,
cruel, soberbio, bárbaro y tirano,
nacido entre las fieras?

SEGISMUNDO.—Porque tú ese baldón no me dijeras,
tan cortés me mostraba,
pensando que con eso te obligaba;
mas si lo soy hablando deste modo,
has de decirlo, vive Dios, por todo.
Hola, dejadnos solos, y esa puerta

se cierre, y no entre nadie. *(Vanse Cla-*
*rín y los criados.)*

ROSAURA.—*(Aparte.)*
Yo soy muerta.

Advierte...

SEGISMUNDO.— Soy tirano,
y ya pretendes reducirme en vano.

CLOTALDO.—*(Aparte.)*
¡Oh, qué lance tan fuerte!
Saldré a estorbarlo, aunque me dé la
[muerte. *(Alto.)*
Señor, atiende, mira. *(Llega.)*

SEGISMUNDO.—Segunda vez me has provocado a ira,
viejo caduco y loco.
¿Mi enojo y mi rigor tienes en poco?
¿Cómo hasta aquí has llegado?

CLOTALDO.— De los acentos desta voz llamado
a decirte que seas
más apacible, si reinar deseas;
y no, por verte ya de todos dueño,
seas cruel, porque quizá es un sueño.

SEGISMUNDO.— A rabia me provocas,
cuando la luz del desengaño tocas.
Veré, dándote muerte,
si es sueño o si es verdad. *(Al ir a sa-*
*car la daga, se la detiene Clotaldo y*
*se pone de rodillas.)*

CLOTALDO.— Yo desta suerte
librar mi vida espero.

SEGISMUNDO.—Quita la osada mano del acero.

CLOTALDO.— Hasta que gente venga,
　　　　　　que tu furor y cólera detenga,
　　　　　　no he de soltarte.

ROSAURA.— 　　　　　　　¡Ay cielo!

SEGISMUNDO.— 　　　　　　　Suelta, digo,
　　　　　　caduco, loco, bárbaro, enemigo,
　　　　　　o será desta suerte *(Luchan.)*
　　　　　　dándote ahora entre mis brazos muerte.

ROSAURA.—Acudid todos presto,
　　　　　　que matan a Clotaldo. *(Vase.) (Sale As-*
　　　　　　*tolfo a tiempo que cae Clotaldo a sus*
　　　　　　*pies y él se pone en medio.)*


## ESCENA IX

ASTOLFO; SEGISMUNDO, CLOTALDO


ASTOLFO.— 　　　　　　¿Pues qué es esto,
　　　　　　príncipe generoso?
　　　　　　¿Así se mancha acero tan brioso
　　　　　　en una sangre helada?
　　　　　　Vuelva a la vaina tan lucida espada.

SEGISMUNDO.—En viéndola teñida
　　　　　　en esa infame sangre.

ASTOLFO.— 　　　　　　Ya su vida
　　　　　　tomó a mis pies sagrado
　　　　　　y de algo ha de servirle haber llegado.

SEGISMUNDO.—Sírvate de morir, pues desta suerte
también sabré vengarme con tu muerte
de aquel pasado enojo.

ASTOLFO.— Yo defiendo
mi vida; así la majestad no ofendo. *(Sa-
[ca Astolfo la espada y riñen.)*

CLOTALDO.— No le ofendas, señor.


## ESCENA X

BASILIO, ESTRELLA *y acompañamiento.*
SEGISMUNDO, ASTOLFO, CLOTALDO


BASILIO.— Pues ¿aquí espadas?

ESTRELLA.— *(Aparte.)*
¡Astolfo es, ay de mí, penas airadas!

BASILIO.— Pues ¿qué es lo que ha pasado?

ASTOLFO.— Nada, señor, habiendo tú llegado. *(En-
[vainan.)*

SEGISMUNDO.— Mucho, señor, aunque hayas tú venido:
yo a ese viejo matar he pretendido.

BASILIO.— ¿Respeto no tenías
a estas canas?

CLOTALDO.— Señor, ved que son mías;
que no importa veréis.

SEGISMUNDO.— Acciones vanas,

237

querer que tenga yo respeto a canas;
pues aun ésas podría *(Al rey.)*
ser que viese a mis plantas algún día,
porque aún no estoy vengado
del modo injusto con que me has cria-
[do. *(Vase.)*

BASILIO.— Pues antes que lo veas,
volverás a dormir a donde creas
que cuanto te ha pasado,
como fue bien del mundo, fue soñado.
*(Vanse el rey, Clotaldo y el acompa-
miento.)*


## ESCENA XI

### ESTRELLA, ASTOLFO


ASTOLFO.— ¡Qué pocas veces el hado
que dice desdichas, miente,
pues es tan cierto en los males,
cuanto dudoso en los bienes!
¡Qué buen astrólogo fuera,
si siempre casos crueles
anunciara; pues no hay duda
que ellos fueran verdad siempre!
Conocerse esta experiencia
en mí y Segismundo puede,

Estrella, pues en los dos
hace muestras diferentes.
En él previno rigores,
soberbias, desdichas, muertes,
y en todo dijo verdad,
porque todo, al fin, sucede;
pero en mí, que al ver; señora,
esos rayos excelentes,
de quien el sol fue una sombra
y el cielo un amago breve,
que me previno venturas,
trofeos, aplausos, bienes,
dijo mal, y dijo bien;
pues sólo es justo que acierte
cuando amaga con favores,
y ejecuta con desdenes.

ESTRELLA.— No dudo que esas finezas
son verdades evidentes;
mas serán por otra dama,
cuyo retrato pendiente
al cuello trajisteis cuando
llegasteis, Astolfo, a verme;
y siendo así, esos requiebros
ella sola los merece.
Acudid a que ella os pague,
que no son buenos papeles
en el consejo de amor
las finezas ni las fees
que se hicieron en servicio
de otras damas y otros reyes.

## ESCENA XII

ROSAURA, *que se queda al paño;* ESTRELLA, ASTOLFO

ROSAURA.— *(Aparte.)*
¡Gracias a Dios que llegaron
ya mis desdichas crueles
al término suyo, pues
quien esto ve nada teme!

ASTOLFO.— Yo haré que el retrato salga
del pecho, para que entre
la imagen de tu hermosura.
Donde entra Estrella no tiene
lugar la sombra, ni estrella
donde el sol; voy a traerle.
*(Aparte.)*
Perdona, Rosaura hermosa,
este agravio, porque ausentes,
no se guardan más fe que ésta
los hombres y las mujeres. *(Vase. Ade-*
[*lántase Rosaura.)*

ROSAURA.—*(Aparte.)*
Nada he podido escuchar,
temerosa que me viese.

ESTRELLA.— ¡Astrea!

ROSAURA.— Señora mía.

ESTRELLA.—Heme holgado que tú fueses
la que llegaste hasta aquí;

porque de ti solamente
fiara un secreto.

ROSAURA.—              Honras,
señora, a quien te obedece.

ESTRELLA.— En el poco tiempo, Astrea,
que ha que te conozco, tienes
de mi voluntad las llaves;
por esto, y por ser quien eres,
me atrevo a fiar de ti
lo que aun de mí muchas veces
recaté.

ROSAURA.—       Tu esclava soy.

ESTRELLA.— Pues para decirlo en breve,
mi primo Astolfo, bastara
que mi primo te dijese,
porque hay cosas que se dicen
con pensarlas solamente,
ha de casarse conmigo,
si es que la fortuna quiere
que con una dicha sola
tantas desdichas descuente.
Pesóme que el primer día
echado al cuello trajese
el retrato de una dama;
habléle de él cortésmente,
es galán y quiere bien,
fue por él, y ha de traerle
aquí; embarázame mucho
que él a mí a dármelo llegue:
quédate aquí, y cuando venga,

le dirás que te lo entregue
a ti. No te digo más;
discreta y hermosa eres:
bien sabrás lo que es amor. *(Vase.)*


## ESCENA XIII

### ROSAURA


¡Ojalá no lo supiese!
¡Válgame el cielo! ¿quién fuera
tan atenta y tan prudente,
que supiera aconsejarse
hoy en ocasión tan fuerte?
¿Habrá persona en el mundo
a quien el cielo inclemente
con más desdichas combata
y con más pesares cerque?
¿Qué haré en tantas confusiones,
donde imposible parece
que halle razón que me alivie
ni alivio que me consuele?
Desde la primer desdicha
no hay suceso ni accidente
que otra desdicha no sea;
que unas a otras suceden.
herederas de sí mismas.
A la imitación del fénix,
unas de las otras nacen,
viviendo de lo que mueren,

y siempre de sus cenizas
está el sepulcro caliente.
Que eran cobardes, decía
un sabio, por parecerle
que nunca andaba una sola;
yo digo que son valientes,
pues siempre van adelante,
y nunca la espalda vuelven.
Quien las llevare consigo
a todo podrá atreverse,
pues en ninguna ocasión
no haya miedo que le dejen.
Dígalo yo, pues en tantas
como a mi vida suceden,
nunca me he hallado sin ellas,
ni se han cansado hasta verme
herida de la fortuna,
en los brazos de la muerte.
¡Ay de mí!, ¿qué debo hacer
hoy en la ocasión presente?
Si digo quién soy, Clotaldo,
a quien mi vida le debe
este amparo y este honor,
conmigo ofenderse puede;
pues me dice que callando
honor y remedio espere.
Si no he de decir quién soy,
a Astolfo, y él llega a verme,
¿cómo he de disimular?
Pues aunque fingirlo intenten
la voz, la lengua y los ojos,
les dirá el alma que mienten.

¿Qué haré? ¿Mas para qué estudio
lo que haré, si es evidente
que por más que lo prevenga,
que lo estudie y que lo piense,
en llegando la ocasión
he de hacer lo que quisiere
el dolor? Porque ninguno
imperio en sus penas tiene.
Y pues a determinar
lo que ha de hacer no se atreve
el alma, llegue el dolor
hoy a su término, llegue
la pena a su extremo, y salga
de dudas y pareceres
de una vez; pero hasta entonces
valedme, cielos, valedme.

## ESCENA XIV

ASTOLFO, *que trae el retrato;* ROSAURA

ASTOLFO.— Éste es, señora, el retrato;
mas, ¡ay, Dios!

ROSAURA.—         ¿Qué se suspende
vuestra alteza? ¿Qué le admira?

ASTOLFO.— De oírte, Rosaura, y verte.

ROSAURA.— ¿Yo Rosaura? Hase engañado
vuestra alteza, si me tiene

por otra dama; que yo
soy Astrea, y no merece
mi humildad tan grande dicha
que esa turbación le cueste.

ASTOLFO.— Basta, Rosaura, el engaño,
porque el alma nunca miente,
y aunque como a Astrea te mire,
como a Rosaura te quiere.

ROSAURA.— No he entendido a vuestra alteza,
y así, no sé responderle:
sólo lo que yo diré
es que Estrella, que lo puede
ser de Venus, me mandó
que en esta parte le espere,
y de la suya le diga
que aquel retrato me entregue,
que está muy puesto en razón,
y yo misma se lo lleve.
Estrella lo quiere así,
porque aun las cosas más leves
como sean en mi daño
es Estrella quien las quiere.

ASTOLFO.— Aunque más esfuerzos hagas,
¡oh, qué mal, Rosaura, puedes
disimular! Di a los ojos
que su música concierten
con la voz; porque es forzoso
que desdiga y que disuene
tan destemplado instrumento,
que ajustar y medir quiere

la falsedad de quien dice,
con la verdad de quien siente.

ROSAURA.— Ya digo que sólo espero
el retrato.

ASTOLFO.—         Pues que quieres
llevar al fin el engaño,
con él quiero responderte.
Dirásle, Astrea, a la infanta
que yo la estimo de suerte,
que, pidiéndome un retrato,
poca fineza parece
enviársele, y así,
porque le estime y le aprecie
le envío el original;
y tú llevársele puedes,
pues ya le llevas contigo,
como a ti misma te lleves.

ROSAURA.— Cuando un hombre se dispone,
restado, altivo y valiente,
a salir con una empresa
aunque por trato le entreguen
lo que más valga, sin ella
necio y desairado vuelve.
Yo vengo por un retrato
y aunque un original lleve
que vale más, volveré
desairada: y así, déme
vuestra alteza ese retrato,
que sin él no he de volverme.

ASTOLFO.— ¿Pues cómo, si no he de darle,
le has de llevar?

ROSAURA.—             Desta suerte,
       suéltale, ingrato. *(Trata de quitárselo.)*

ASTOLFO.—            Es en vano.

ROSAURA.— ¡Vive Dios, que no ha de verse
       en manos de otra mujer!

ASTOLFO.— Terrible estás.

ROSAURA.—            Y tú aleve.

ASTOLFO.— Ya basta, Rosaura mía.

ROSAURA.— ¿Yo tuya? Villano, mientes. *(Están asidos ambos del retrato.)*


# ESCENA XV

### ESTRELLA; ROSAURA, ASTOLFO


ESTRELLA.— Astrea, Astolfo, ¿qué es esto?

ASTOLFO.— *(Aparte.)*
       Aquesta es Estrella.

ROSAURA.— *(Aparte.)*       Déme
       para cobrar mi retrato
       ingenio de amor. *(A Estrella.)* Si quieres
       saber lo que es, yo, señora,
       te lo diré.

ASTOLFO.— *(Aparte a Rosaura.)*
         ¿Qué pretendes?

ROSAURA.— Mandásteme que esperase
aquí a Astolfo, y le pidiese
un retrato de tu parte.
Quedé sola, y como vienen
de unos discursos a otros
las noticias fácilmente,
viéndote hablar de retratos,
con su memoria acordéme
de que tenía uno mío
en la manga. Quise verle,
porque una persona sola
con locura se divierte;
cayóseme de la mano
al suelo; Astolfo, que viene
a entregarte el de otra dama,
le levantó, y tan rebelde
está en dar el que le pides,
que en vez de dar uno, quiere
llevar otro; pues el mío
aun no es posible volverme
con ruegos y persuasiones;
colérica e impaciente
yo, se lo quise quitar.
Aquel que en la mano tiene,
es mío; tú lo verás
con ver si se me parece.

ESTRELLA.— Soltad, Astolfo, el retrato. *(Quítaselo de la mano.)*

ASTOLFO.— Señora...

ESTRELLA.— No son crueles
a la verdad los matices.

ROSAURA.— ¿No es mío?

ESTRELLA.— ¿Qué duda tiene?

ROSAURA.— Ahora di que te dé el otro.

ESTRELLA.— Toma tu retrato y vete.

ROSAURA.— *(Aparte.)*
Yo he cobrado mi retrato,
venga ahora lo que viniere. *(Vase.)*


ESCENA XVI

ESTRELLA, ASTOLFO


ESTRELLA.— Dadme ahora el retrato vos
que os pedí; que aunque no piense
veros ni hablaros jamás
no quiero, no, que se quede
en vuestro poder, siquiera
porque yo tan neciamente
lo he pedido.

ASTOLFO.— *(Aparte.)* ¿Cómo puedo
salir de lance tan fuerte? *(Alto.)*
Aunque quiera, hermosa Estrella,
servirte y obedecerte,
no podré darte el retrato
que me pides, porque...

ESTRELLA.— Eres
villano y grosero amante.

249

No quiero que me lo entregues;
porque yo tampoco quiero,
con tomarle, que me acuerdes
que te lo he pedido yo. *(Vase.)*

ASTOLFO.— Oye, escucha, mira, advierte.
¡Válgame Dios por Rosaura!
¿Dónde, cómo, o de qué suerte
hoy a Polonia has venido
a perderme y a perderte? *(Vase.)*


## ESCENA XVII

*Prisión del príncipe en la torre*

SEGISMUNDO, *como al principio, con pieles y cadena,
echado en el suelo;* CLOTALDO, *dos criados y* CLARÍN


CLOTALDO.— Aquí le habéis de dejar
pues hoy su soberbia acaba
donde empezó.

UN CRIADO.—                    Como estaba,
la cadena vuelvo a atar.

CLARÍN.— No acabes de dispertar,
Segismundo, para verte
perder, trocada la suerte,
siendo tu gloria fingida

una sombra de la vida
y una llama de la muerte.

CLOTALDO.— A quien sabe discurrir
así, es bien que se prevenga
una estancia, donde tenga
harto lugar de argüir.

*(A los criados.)*

Éste es el que habéis de asir
y en este cuarto encerrar. *(Señalando la*
*[pieza inmediata.)*

CLARÍN.— ¿Por qué a mí?

CLOTALDO.—                    Porque ha de estar
guardado en prisión tan grave
Clarín que secretos sabe,
donde no pueda sonar.

CLARÍN.— ¿Yo, por dicha, solicito
dar muerte a mi padre? No.
¿Arrojé del balcón yo
al Ícaro de poquito?

¿Yo sueño o duermo? ¿A qué fin
me encierran?

CLOTALDO.—                    Eres Clarín.

CLARÍN.— Pues ya digo que seré
corneta, y que callaré,
que es instrumento rüin. *(Llévanle, y*
*[queda solo Clotaldo.)*

## ESCENA XVIII

BASILIO, *rebozado;* CLOTALDO. SEGISMUNDO
*adormecido*

BASILIO.— Clotaldo.

CLOTALDO.—                  ¡Señor! ¿Así
viene vuestra majestad?

BASILIO.— La necia curiosidad
de ver lo que pasa aquí
a Segismundo, ¡ay de mí!,
deste modo me ha traído.

CLOTALDO.— Mírale allí reducido
a su miserable estado.

BASILIO.— ¡Ay, príncipe desdichado
y en triste punto nacido!
Llega a dispertarle, ya
que fuerza y vigor perdió
con el opio que bebió.

CLOTALDO.— Inquieto, señor, está,
y hablando.

BASILIO.—                  ¿Qué soñará
ahora? Escuchemos, pues,

SEGISMUNDO.—*(Entre sueños.)*
Piadoso príncipe es
el que castiga tiranos:

    Clotaldo muera a mis manos,
    mi padre bese mis pies.

CLOTALDO.— Con la muerte me amenaza.

 BASILIO.— A mí con rigor y afrenta.

CLOTALDO.— Quitarme la vida intenta.

 BASILIO.— Rendirme a sus plantas traza.

SEGISMUNDO.— *(Entre sueños.)*
    Salga a la anchurosa plaza
    del gran teatro del mundo
    este valor sin segundo:
    porque mi venganza cuadre,
    vean triunfar de su padre
    al príncipe Segismundo. *(Despierta.)*
    Mas ¡ay de mí!, ¿dónde estoy?

 BASILIO.— Pues a mí no me ha de ver:

          *(A Clotaldo.)*

    Ya sabes lo que has de hacer.
    Desde allí a escucharle voy. *(Retírase.)*

SEGISMUNDO.— ¿Soy yo por ventura? ¿Soy
    el que preso y aherrojado
    llego a verme en tal estado?
    ¿No sois mi sepulcro vos,
    torre? Sí. ¡Válgame Dios,
    qué de cosas he soñado!

CLOTALDO.— *(Aparte.)*
    A mí me toca llegar,
    a hacer la deshecha ahora. *(A Segis-*
             *[mundo.)*
    ¿Es ya de despertar hora?

SEGISMUNDO.—Sí; hora es ya de despertar.

CLOTALDO.— ¿Todo el día te has de estar
　　　　　durmiendo? ¿Desde que yo
　　　　　al águila que voló
　　　　　con tardo vuelo seguí
　　　　　y te quedaste tú aquí,
　　　　　nunca has despertado?

SEGISMUNDO.—　　　　　　　　　No.
　　　　　Ni aun agora he despertado;
　　　　　que según, Clotaldo, entiendo,
　　　　　todavía estoy durmiendo,
　　　　　y no estoy muy engañado;
　　　　　porque si ha sido soñado
　　　　　lo que vi palpable y cierto,
　　　　　lo que veo será incierto;
　　　　　y no es mucho que rendido,
　　　　　pues veo estando dormido,
　　　　　que sueñe estando despierto.

CLOTALDO.—Lo que soñaste me di.

SEGISMUNDO.—Supuesto que sueño fue,
　　　　　no diré lo que soñé,
　　　　　lo que vi, Clotaldo, sí.
　　　　　Yo desperté, yo me vi,
　　　　　¡qué crueldad tan lisonjera!,
　　　　　en un lecho que pudiera
　　　　　con matices y colores,
　　　　　ser el catre de las flores
　　　　　que tejió la primavera.
　　　　　Aquí mil nobles rendidos
　　　　　a mis pies nombre me dieron

de su príncipe, y sirvieron
galas, joyas y vestidos.
La calma de mis sentidos
tú trocaste en alegría,
diciendo la dicha mía,
que, aunque estoy desta manera,
príncipe en Polonia era.

CLOTALDO.— Buenas albricias tendría.

SEGISMUNDO.— No muy buenas; por traidor
con pecho atrevido y fuerte
dos veces te daba muerte.

CLOTALDO.— ¿Para mí tanto rigor?

SEGISMUNDO.— De todos era señor,
y de todos me vengaba;
sólo a una mujer amaba...
Que fue verdad creo yo,
en que todo se acabó,
y esto sólo no se acaba. *(Vase el rey.)*

CLOTALDO.— *(Aparte.)*
Enternecido se ha ido
el rey de haberle escuchado. *(Alto.)*
Como habíamos hablado
de aquella águila, dormido,
tu sueño imperios han sido;
mas en sueño fuera bien
honrar entonces a quien
te crió en tantos empeños,
Segismundo, que aun en sueños
no se pierde el hacer bien. *(Vase.)*

255

## ESCENA XIX

### SEGISMUNDO

Es verdad; pues reprimamos
esta fiera condición,
esta furia, esta ambición,
por si alguna vez soñamos;
y sí haremos, pues estamos
en mundo tan singular,
que el vivir sólo es soñar;
y la experiencia me enseña
que el hombre que vive, sueña
lo que es, hasta despertar.
Sueña el rey que es rey, y vive
con este engaño mandando,
disponiendo y gobernando;
y este aplauso, que recibe
prestado, en el viento escribe;
y en cenizas le convierte
la muerte, ¡desdicha fuerte!
¿Que hay quien intente reinar,
viendo que ha de despertar
en el sueño de la muerte?
Sueña el rico en su riqueza,
que más cuidados le ofrece;
sueña el pobre que padece
su miseria y su pobreza;
sueña el que a medrar empieza,

sueña el que afana y pretende,
sueña el que agravia y ofende,
y en el mundo, en conclusión,
todos sueñan lo que son,
aunque ninguno lo entiende.
Yo sueño que estoy aquí
destas prisiones cargado,
y soñé que en otro estado
más lisonjero, me vi.
¿Qué es la vida?, un frenesí;
¿qué es la vida?, una ilusión,
una sombra, una ficción,
y el mayor bien es pequeño;
que toda la vida es sueño,
y los sueños, sueños son.

## ACTO TERCERO

### ESCENA I

CLARÍN.— En una encantada torre,
por lo que sé, vivo preso.
¿Qué me harán por lo que ignoro
si por lo que sé me han muerto?
¡Que un hombre con tanta hambre
viniese a morir viviendo!
Lástima tengo de mí;
todos dirán: "bien lo creo";
y bien se puede creer,
pues para mí este silencio
no conforma con el nombre
Clarín, y callar no puedo.
Quien me hace compañía
aquí, si a decirlo acierto,
son arañas y ratones:
¡miren qué dulces jilgueros!
De los sueños desta noche
la triste cabeza tengo

llena de mil chirimías,
de trompetas y embelecos,
de procesiones, de cruces,
de disciplinantes; y éstos
unos suben, otros bajan,
unos se desmayan viendo
la sangre que llevan otros;
mas yo, la verdad diciendo,
de no comer me desmayo;
que en una prisión me veo,
donde ya todos los días
en el filósofo leo
Nicomedes, y las noches
en el Concilio Niceno.
Si llaman santo el callar,
como en calendario nuevo
san secreto es para mí,
pues le ayuno y no le huelgo;
aunque está bien merecido
el castigo que padezco,
pues callé, siendo criado,
que es el mayor sacrilegio. *(Ruido de*
       *[cajas y clarines, y voces dentro.)*


## ESCENA II

SOLDADOS; CLARÍN

SOLDADO 1.º—*(Dentro.)*
    Ésta es la torre en que está.

Echad la puerta en el suelo;
entrad todos.

CLARÍN.—           ¡Vive Dios!
Que a mí me buscan, es cierto,
pues que dicen que aquí estoy.
¿Qué me querrán?

SOLDADO 1.º—*(Dentro.)*     Entrad dentro. *(Salen varios soldados.)*

SOLDADO 2.º— Aquí está.

CLARÍN.—       No está.

SOLDADOS.—         Señor...

CLARÍN.— *(Aparte.)*
¿Si vienen borrachos éstos?

SOLDADO 1.º— Tú nuestro príncipe eres;
ni admitimos ni queremos
sino al señor natural,
y no al príncipe extranjero.
A todos nos da los pies.

SOLDADOS.— ¡Viva el gran príncipe nuestro!

CLARÍN.— *(Aparte.)*
Vive Dios que va de veras.
¿Si es costumbre en este reino
prender uno cada día
y hacerle príncipe, y luego
volverle a la torre? Sí,
pues cada día lo veo;
fuerza es hacer mi papel.

SOLDADOS.— Danos tus plantas.

CLARÍN.—       No puedo,

porque las he menester
para mí, y fuera defecto
ser príncipe desplantado.

SOLDADO 2.º— Todos a tu padre mesmo
le dijimos que a ti solo
por príncipe conocemos,
no al de Moscovia.

CLARÍN.—                    ¿A mi padre
le perdisteis el respeto?
Sois unos tales por cuales.

SOLDADO 1.º— Fue lealtad de nuestro pecho.

CLARÍN.— Si fue lealtad, yo os perdono.

SOLDADO 2.º— Sal a restaurar tu imperio.

¡Viva Segismundo!

TODOS.—                    ¡Viva!

CLARÍN.— *(Aparte.)*
¿Segismundo dicen? Bueno:
Segismundos llaman todos
los príncipes contrahechos.


## ESCENA III

### SEGISMUNDO, CLARÍN, SOLDADOS


SEGISMUNDO.— ¿Quién nombra aquí a Segismundo?

CLARÍN.— *(Aparte.)*
¿Mas que soy príncipe huero?

261

SOLDADO 1.º— ¿Quién es Segismundo?

SEGISMUNDO.—                                    Yo.

SOLDADO 2.º— *(A Clarín.)*
    ¿Pues cómo, atrevido y necio,
    tú te hacías Segismundo?

CLARÍN.— ¿Yo Segismundo? Eso niego.
    Vosotros fuisteis los que
    me segismundeasteis: luego
    vuestra ha sido solamente
    necedad y atrevimiento.

SOLDADO 1.º— Gran príncipe Segismundo,
    que las señas que traemos
    tuyas son, aunque por fe
    te aclamamos señor nuestro,
    tu padre, el gran rey Basilio,
    temeroso que los cielos
    cumplan un hado, que dice
    que ha de verse a tus pies puesto,
    vencido de ti, pretende
    quitarte acción y derecho
    y dársele a Astolfo, duque
    de Moscovia. Para esto
    juntó su corte, y el vulgo,
    penetrado ya y sabiendo
    que tiene rey natural,
    no quiere que un extranjero
    venga a mandarle. Y así,
    haciendo noble desprecio
    de la inclemencia del hado,
    te ha buscado donde presc

vives, para que asistido
de sus armas, y saliendo
desta torre a restaurar
tu imperial corona y cetro,
se la quites a un tirano.
Sal, pues; que en ese desierto,
ejército numeroso
de bandidos y plebeyos
te aclama : la libertad
te espera; oye sus acentos.

VOCES.— *(Dentro.)*
¡Viva Segismundo, viva!

SEGISMUNDO.— ¿Otra vez, ¡qué es esto, cielos!,
queréis que sueñe grandezas
que ha de deshacer el tiempo?
¿Otra vez queréis que vea
entre sombras y bosquejos
la majestad y la pompa
desvanecida del viento?
¿Otra vez queréis que toque
el desengaño o el riesgo
a que el humano poder
nace humilde y vive atento?
Pues no ha de ser, no ha de ser
mirarme otra vez sujeto
a mi fortuna; y pues sé
que toda esta vida es sueño,
idos, sombras que fingís
hoy a mis sentidos muertos
cuerpo y voz, siendo verdad
que ni tenéis voz ni cuerpo;

263

que no quiero majestades
fingidas, pompas no quiero,
fantásticas ilusiones
que al soplo menos ligero
del aura han de deshacerse,
bien como el florido almendro,
que por madrugar sus flores,
sin aviso y sin consejo,
al primer soplo se apagan,
marchitando y desluciendo
de sus rosados capullos
belleza, luz y ornamento.
Ya os conozco, ya os conozco,
y sé que es para lo mesmo
con cualquiera que se duerme;
para mí no hay fingimientos:
que, desengañado ya,
sé bien que la vida es sueño.

SOLDADO 2.º— Si piensas que te engañamos,
vuelve a esos montes soberbios
los ojos, para que veas
la gente que aguarda en ellos
para obedecerte.

SEGISMUNDO.—                     Ya
otra vez vi aquesto mesmo
tan clara y distintamente
como ahora lo estoy viendo,
y fue sueño.

SOLDADO 2.º—               Cosas grandes
siempre, gran señor, trajeron

anuncios; y esto sería,
si lo soñaste primero.

SEGISMUNDO.—Dices bien, anuncio fue;
y caso que fuese cierto,
pues que la vida es tan corta,
soñemos, alma, soñemos
otra vez; pero ha de ser
con atención y consejo
de que hemos de dispertar
deste gusto al mejor tiempo;
que llevándolo sabido,
será el desengaño menos;
que es hacer burla del daño
adelantarle el consejo.
Y con esta prevención
de que, cuando fuese cierto,
es todo el poder prestado
y ha de volverse a su dueño,
atrevámonos a todo.
Vasallos, yo os agradezco
la lealtad; en mí lleváis
quien os libre osado y diestro
de extranjera esclavitud.
Tocad el arma, que presto
veréis mi inmenso valor.
Contra mi padre pretendo
tomar armas, y sacar
verdaderos a los cielos.
Presto he de verle a mis plantas...

                              *(Aparte.)*

Mas si antes desto despierto,

265

> ¿no será bien no decirlo,
> supuesto que no he de hacerlo?

TODOS.— ¡Viva Segismundo, viva!


## ESCENA IV

CLOTALDO; SEGISMUNDO, CLARÍN, SOLDADOS


CLOTALDO.— ¿Qué alboroto es éste, cielos?

SEGISMUNDO.—Clotaldo.

CLOTALDO.—          Señor... *(Aparte.)* En mí
su rigor prueba.

CLARÍN.—*(Aparte.)*      Yo apuesto
que le despeña del monte. *(Vase.)*

CLOTALDO.— A tus reales plantas llego,
ya sé que a morir.

SEGISMUNDO.—              Levanta,
levanta, padre, del suelo;
que tú has de ser norte y guía
de quien fíe mis aciertos;
que ya sé que mi crianza
a tu mucha lealtad debo.
Dame los brazos.

CLOTALDO.—              ¿Qué dices?

SEGISMUNDO.—Que estoy soñando, y que quiero
obrar bien, pues no se pierde
el hacer bien, aun en sueños.

CLOTALDO.— Pues, señor, si el obrar bien
es ya tu blasón, es cierto
que no te ofenda el que yo
hoy solicite lo mesmo.
¿A tu padre has de hacer guerra?
Yo aconsejarte no puedo
contra mi rey ni valerte.
A tus plantas estoy puesto;
dame la muerte.

SEGISMUNDO.—                ¡Villano,
traidor, ingrato! *(Aparte.)* Mas, ¡cielos!,
el reportarme conviene,
que aún no sé si estoy despierto. *(Alto.)*
Clotaldo, vuestro valor
os envidio y agradezco.
Idos a servir al rey,
que en el campo nos veremos.
Vosotros, tocad al arma.

CLOTALDO.— Mil veces tus plantas beso. *(Vase.)*

SEGISMUNDO.— A reinar, fortuna, vamos;
no me despiertes, si duermo,
y si es verdad, no me aduermas;
mas sea verdad o sueño,
obrar bien es lo que importa:
si fuera verdad, por serlo;
si no, por ganar amigos
para cuando despertemos. *(Vanse tocan-*
*[do cajas.)*

267

## ESCENA V

*Salón del palacio real*

BASILIO, ASTOLFO

BASILIO.— ¿Quién, Astolfo, podrá parar prudente
la furia de un caballo desbocado?
¿Quién detener de un río la corriente
que corre al mar soberbio y despeñado?
¿Quién un peñasco suspender valiente
de la cima de un monte desgajado?
Pues todo fácil de parar se mira,
más que de un vulgo la soberbia ira.
Dígalo en bandos el rumor partido,
pues se oye resonar en lo profundo
de los montes el eco repetido;
unos, "¡Astolfo!"; y otros "¡Segis-
[mundo!"
El dosel de la jura, reducido
a segunda intención, a horror segundo,
teatro funesto es, donde importuna
representa tragedias la fortuna.

ASTOLFO.— Señor, suspéndase hoy tanta alegría;
cese el aplauso y gusto lisonjero
que tu mano feliz me prometía;
que si Polonia, a quien mandar espero,
hoy se resiste a la obediencia mía,
es porque la merezca yo primero.

Dadme un caballo, y de arrogancia lle-
[no,
rayo descienda el que blasona trueno.
*(Vase.)*

BASILIO.— Poco reparo tiene lo infalible,
y mucho riesgo lo previsto tiene:
si ha de ser, la defensa es imposible,
que quien la excusa más, más la pre-
[viene,
¡dura ley!, ¡fuerte caso!, ¡horror te-
[rrible!,
quien piensa huir el riesgo, al riesgo
[viene;
con lo que yo guardaba me he perdido;
yo mismo, yo mi patria he destruido.


ESCENA VI

ESTRELLA, BASILIO


ESTRELLA.— Si tu presencia, gran señor, no trata
de enfrentar el tumulto sucedido,
que de uno en otro bando se dilata
por las calles y plazas dividido,
verás tu reino en ondas de escarlata
nadar, entre la púrpura teñido
de tu sangre, que ya con triste modo,
todo es desdichas y tragedias todo.

Tanta es la ruina de tu imperio, tanta
la fuerza del rigor duro, sangriento,
que visto, admira, y escuchado, espanta,
el sol se turba y se embaraza el viento;
cada piedra un pirámide levanta,
y cada flor construye un monumento;
cada edificio es un sepulcro altivo,
cada soldado un esqueleto vivo.


## ESCENA VII

#### CLOTALDO, BASILIO, ESTRELLA


CLOTALDO.— ¡Gracias a Dios que vivo a tus pies
[llego!
BASILIO.— Clotaldo, pues ¿qué hay de Segismun-
[do?
CLOTALDO.— Que el vulgo, monstruo despeñado y
[ciego,
la torre penetró, y de lo profundo
della sacó su príncipe, que luego
que vio segunda vez su honor segundo,
valiente se mostró diciendo fiero
que ha de sacar al cielo verdadero.
BASILIO.— Dadme un caballo, porque yo en per-
[sona
vencer valiente un hijo ingrato quiero;
y en la defensa ya de mi corona,
lo que la ciencia erró, venza el acero.
(*Vase.*)

ESTRELLA.— Pues yo al lado del sol seré Belona.
Poner mi nombre junto al suyo espero;
que he de volar sobre tendidas alas
a competir con la deidad de Palas. *(Va-*
*[se, y tocan al arma.)*

## ESCENA VIII

ROSAURA, *que detiene a* CLOTALDO

ROSAURA.— Aunque el valor que se encierra
en tu pecho, desde allí
da voces, óyeme a mí,
que yo sé que todo es guerra.
Bien sabes que yo llegué
pobre, humilde y desdichada
a Polonia, y amparada
de tu valor en ti hallé
piedad; mandásteme, ¡ay, cielos!,
que disfrazada viviese
en palacio, y pretendiese,
disimulando mis celos,
guardarme de Astolfo. En fin,
él me vio, y tanto atropella
mi honor, que viéndome, a Estrella
de noche habla en un jardín;
déste la llave he tomado,
y te podré dar lugar
de que en él puedas entrar
a dar fin a mi cuidado.

Así, altivo, osado y fuerte,
volver por mi honor podrás,
pues que ya resuelto estás
a vengarme con su muerte.

CLOTALDO.— Verdad es que me incliné,
desde el punto que te vi,
a hacer, Rosaura, por ti,
testigo tu llanto fue,
cuanto mi vida pudiese.
Lo primero que intenté,
quitarte aquel traje fue;
porque, si acaso, te viese
Astolfo en tu propio traje,
sin juzgar a liviandad
la loca temeridad
que hace del honor ultraje.
En este tiempo trazaba
cómo cobrar se pudiese
tu honor perdido, aunque fuese,
tanto tu honor me arrastraba,
dando muerte a Astolfo. ¡Mira
qué caduco desvarío!
Si bien, no siendo rey mío,
ni me asombra ni me admira,
darle, pensé, muerte, cuando
Segismundo pretendió
dármela a mí, y él llegó
su peligro atropellando,
a hacer en defensa mía
muestras de su voluntad,
que fueron temeridad,
pasando de valentía.

Pues ¿cómo yo ahora, advierte,
teniendo alma agradecida,
a quien me ha dado la vida
le tengo que dar la muerte?
Y así, entre los dos partido
el afecto y el cuidado,
viendo que a ti te la he dado,
y que dél la he recibido,
no sé a qué parte ayudar,
si a ti me obligué con dar,
dél lo estoy con recibir,
y así, en la acción que se ofrece,
nada a mi amor satisface,
porque soy persona que hace,
y persona que padece.

ROSAURA.— No tengo que prevenir
que en un varón singular,
cuanto es noble acción el dar,
es bajeza el recibir.
Y, este principio asentado,
no has de estar agradecido,
supuesto que si él ha sido
el que la vida te ha dado,
y tú a mí, evidente cosa
es que él forzó tu nobleza
a que hiciese una bajeza
y yo una acción generosa.
Luego estás dél ofendido,
luego estás de mí obligado,
supuesto que a mí me has dado
lo que dél has recibido;

y así debes acudir
a mi honor en riesgo tanto,
pues yo le prefiero, cuanto
va de dar a recibir.

CLOTALDO.— Aunque la nobleza vive
de la parte del que da,
el agradecerle está
de parte del que recibe;
y pues ya dar he sabido,
ya tengo con nombre honroso
el nombre de generoso;
déjame el de agradecido,
pues le puedo conseguir
siendo agradecido cuanto
liberal, pues honra tanto
el dar como el recibir.

ROSAURA.— De ti recibí la vida,
y tú mismo me dijiste,
cuando la vida me diste,
que la que estaba ofendida
no era vida; luego yo
nada de ti he recibido;
pues vida no vida ha sido
la que tu mano me dio.
Y si debes ser primero
liberal que agradecido,
como de ti mismo he oído,
que me des la vida espero,
que no me la has dado; y pues
el dar engrandece más,

si antes liberal, serás
agradecido después.

CLOTALDO.— Vencido de tu argumento,
antes liberal seré.
Yo, Rosaura, te daré
mi hacienda, y en un convento
vive; que está bien pensado
el medio que solicito;
pues huyendo de un delito,
te recoges a un sagrado;
que cuando desdichas siente
el reino, tan dividido,
habiendo noble nacido,
no he de ser quien las aumente.
Con el remedio elegido
soy en el reino leal,
soy contigo liberal,
con Astolfo agradecido;
y así escoge el que te cuadre,
quedándote entre los dos,
que no hiciere, ¡vive Dios!,
más cuando fuera tu padre.

ROSAURA.— Cuando tú mi padre fueras,
sufriera esa injuria yo;
pero, no siéndolo, no.

CLOTALDO.— ¿Pues qué es lo que hacer esperas?

ROSAURA.— Matar al duque.

CLOTALDO.—                    ¿Una dama,
que padre no ha conocido,
tanto valor ha tenido?

275

ROSAURA.— Sí.

CLOTALDO.—        ¿Quién te alienta?

ROSAURA.—                        Mi fama.

CLOTALDO.— Mira que a Astolfo has de ver...

ROSAURA.— Todo mi honor lo atropella.

CLOTALDO.— Tu rey, y esposo de Estrella.

ROSAURA.— ¡Vive Dios, que no ha de ser!

CLOTALDO.— Es locura.

ROSAURA.—            Ya lo veo.

CLOTALDO.— Pues véncela.

ROSAURA.—                No podré.

CLOTALDO.— Pues perderás...

ROSAURA.—                    Ya lo sé.

CLOTALDO.— Vida y honor.

ROSAURA.—                Bien lo creo.

CLOTALDO.— ¿Qué intentas?

ROSAURA.—                Mi muerte.

CLOTALDO.—                            Mira

        que eso es despecho.

ROSAURA.—                    Es honor.

CLOTALDO.— Es desatino.

ROSAURA.—                Es valor.

CLOTALDO.— Es frenesí.

ROSAURA.—            Es rabia, es ira.

CLOTALDO.— En fin, ¿que no se da medio

        a tu ciega pasión?

ROSAURA.—                    No.

CLOTALDO.— ¿Quién ha de ayudarte?

ROSAURA.— Yo.

CLOTALDO.— ¿No hay remedio?

ROSAURA.— No hay remedio.

CLOTALDO.— Piensa bien si hay otros modos...

ROSAURA.— Perderme de otra manera. *(Vase.)*

CLOTALDO.— Pues si has de perderte, espera,
hija, y perdámonos todos. *(Vase.)*


## ESCENA IX

### *Campo*

SEGISMUNDO, *vestido de pieles;* SOLDADOS, *marchando;*
CLARÍN. *Tocan cajas.*


SEGISMUNDO.— Si este día me viera
Roma en los triunfos de su edad pri-
¡oh cuánto se alegrara          [mera,
viendo lograr una ocasión tan rara
de tener una fiera
que sus grandes ejércitos rigiera,
a cuyo altivo aliento
fuera poca conquista el firmamento!
Pero el vuelo abatamos,
espíritu; no así desvanezcamos
aqueste aplauso incierto,

si ha depesarme cuando esté despierto.
de haberlo conseguido
para haberlo perdido,
pues mientras menos fuere,
menos se sentirá si se perdiere. *(Tocan*
*[un clarín.)*

CLARÍN.— En un veloz caballo,
perdóname, que fuerza es el pintallo
en viniéndome a cuento,
en quien un mapa se dibuja atento,
pues el cuerpo es la tierra,
el fuego el alma que en el pecho encie-
[rra
la espuma del mar, y el aire es el sus-
[piro,
en cuya confusión un caos admiro,
pues en el alma, espuma, cuerpo, aliento,
monstruo es de fuego, tierra, mar y
de color remendado,          [viento,
rucio, y a su propósito rodado,
del que bate la espuela,
que en vez de correr, vuela,
a tu presencia llega
airosa una mujer.

SEGISMUNDO.—                    Su luz me ciega.

CLARÍN.— ¡Vive Dios, que es Rosaura! *(Retírase.)*

SEGISMUNDO.—El cielo a mi presencia la restaura.

## ESCENA X

ROSAURA, *con vaquero, espada y daga;* SEGISMUNDO,
SOLDADOS

ROSAURA.— Generoso Segismundo,
cuya majestad heroica
sale al día de sus hechos
de la noche de sus sombras;
y como el mayor planeta,
que en los brazos de la aurora
se restituye luciente
a las plantas y a las rosas,
y sobre montes y mares,
cuando coronando asoma,
luz esparce, rayos brilla,
cumbres baña, espumas borda;
así amanezcas al mundo,
luciendo sol de Polonia,
que a una mujer infelice
que hoy a tus plantas se arroja,
ampares por ser mujer
y desdichada : dos cosas,
que para obligarle a un hombre
que de valiente blasona,
cualquiera de las dos basta,
cualquiera de las dos sobra.
Tres veces son las que ya

me admiras, tres las que ignoras
quién soy, pues las tres me viste
en diverso traje y forma.
La primera me creíste
varón en la rigurosa
prisión, donde fue tu vida
de mis desdichas lisonja.
La segunda me admiraste
mujer, cuando fue la pompa
de tu majestad un sueño,
un fantasma, una sombra.
La tercera es hoy, que siendo
monstruo de una especie y otra,
entre galas de mujer
armas de varón me adornan.
Y por que complacido
mejor mi amparo dispongas,
es bien que de mis sucesos
trágicas fortunas oigas.
De noble madre nací
en la corte de Moscovia,
que, según fue desdichada,
debió de ser muy hermosa.
En ésta puso los ojos
un traidor, que no le nombra
mi voz por no conocerle,
de cuyo valor me informa
el mío; pues siendo objeto
de su idea, siento ahora
no haber nacido gentil,
para persuadirme loca
a que fue algún dios de aquellos

que en metamorfosis llora
lluvia de oro, cisne y toro
en Dánae, Leda y Europa.
Cuando pensé que alargaba,
citando aleves historias,
el discurso, hallo que en él
te he dicho en razones pocas
que mi madre, persuadida
a finezas amorosas,
fue, como ninguna, bella,
y fue infeliz como todas.
Aquella necia disculpa
de fe y palabra de esposa
la alcanzó tanto, que aún hoy
el pensamiento la llora;
habiendo sido un tirano
tan Eneas de su Troya,
que la dejó hasta la espada.
Enváinese aquí su hoja,
que yo la desnudaré,
antes que acabe la historia.
Deste, pues, mal dado nudo,
que ni ata ni aprisiona,
o matrimonio o delito,
si bien todo es una cosa,
nací yo tan parecida,
que fui un retrato, una copia,
ya que en la hermosura no,
en la dicha y en las obras;
y así, no habré menester
decir que poco dichosa
heredera de fortunas

corrí con ella una propia.
Lo más que podré decirte
de mí, es el sueño que roba
los trofeos de mi honor,
los despojos de mi honra.
Astolfo..., ¡ay de mí!, al nombrarle
se encoleriza y se enoja
el corazón, propio efecto
de que enemigo le nombra.
Astolfo fue el dueño ingrato
que, olvidado de las glorias,
porque en un pasado amor
se olvida hasta la memoria,
vino a Polonia llamado
de su conquista famosa,
a casarse con Estrella,
que fue de mi ocaso antorcha.
¿Quién creerá que habiendo sido
una estrella quien conforma
dos amantes, sea una Estrella
la que los divide ahora?
Yo ofendida, yo burlada,
quedé triste, quedé loca,
quedé muerta, quedé yo,
que es decir que quedó toda
la confusión del infierno
cifrada en mi Babilonia;
y declarándome muda,
porque hay penas y congojas
que las dicen los afectos
mucho mejor que la boca,
dije mis penas callando,

hasta que una vez a solas,
Violante, mi madre, ¡ay, cielos!,
rompió la prisión, y en tropa
del pecho salieron juntas,
tropezando unas con otras.
No me embaracé en decirlas;
que en sabiendo una persona
que a quien sus flaquezas cuenta
ha sido cómplice en otras,
parece que ya le hace
la salva y le desahoga;
que a veces el mal ejemplo
sirve de algo. En fin, piadosa
oyó mis quejas, y quiso
consolarme con las propias:
juez que ha sido delincuente,
¡qué fácilmente perdona!
Escarmentando en sí misma,
y por negar a la ociosa
libertad, al tiempo fácil,
el remedio de su honra,
no le tuvo en mis desdichas;
por mejor consejo toma
que le siga, y que le obligue,
con finezas prodigiosas,
a la deuda de mi honor;
y para que a menos costa
fuese, quiso mi fortuna
que en traje de hombre me ponga.
Descuelga una antigua espada
que es esta que ciño: ahora
es tiempo que se desnude,

como prometí, la hoja,
pues confiada en sus señas,
me dijo: "Parte a Polonia,
y procura que te vean
ese acero que te adorna,
los más nobles; que en alguno
podrá ser que hallen piadosa
acogida tus fortunas,
y consuelo tus congojas."
Llegué a Polonia, en efecto.
Pasemos, pues que no importa
el decirlo, y ya se sabe,
que un bruto que se desboca
me llevó a tu cueva, adonde
tú de mirarme te asombras.
Pasemos que aquí Clotaldo
de mi parte se apasiona,
que pide mi vida al rey,
que el rey mi vida le otorga,
que informado de quien soy,
me persuade a que me ponga
mi propio traje, y que sirva
a Estrella, donde ingeniosa
estorbe el amor de Astolfo
y el ser Estrella su esposa.
Pasemos que aquí me viste
otra vez confuso, y otra
con el traje de mujer
confundiste entrambas formas;
y vamos a que Clotaldo,
persuadido a que le importa
que se casen y que reinen

Astolfo y Estrella hermosa,
contra mi honor me aconseja
que la pretensión deponga.
Yo, viendo que tú, ¡oh valiente
Segismundo!, a quien hoy toca
la venganza, pues el cielo
quiere que la cárcel rompas
de esa rústica prisión,
donde ha sido tu persona
al sentimiento una fiera,
al sufrimiento una roca,
las armas contra tu patria
y contra tu padre tomas,
vengo a ayudarte, mezclando
entre las galas costosas
de Diana, los arneses
de Palas, vistiendo ahora,
ya la tela y ya el acero,
que entrambos juntos me adornan.
Ea, pues, fuerte caudillo,
a los dos juntos importa
impedir y deshacer
estas concertadas bodas:
a mí, porque no se case
el que mi esposo se nombra,
y a ti, porque estando juntos
sus dos estados, no pongan
con más poder y más fuerza
en duda nuestra victoria.
Mujer, vengo a persuadirte
al remedio de mi honra,
y varón, vengo a alentarte

a que cobres tu corona.
Mujer, vengo a persuadirte
cuando a tus plantas me ponga,
y varón, vengo a servirte
con mi acero y mi persona.
Y así, piensa que si hoy
como mujer me enamoras,
como varón te daré
la muerte en defensa honrosa
de mi honor: porque he de ser,
en su conquista amorosa,
mujer para darte quejas,
varón para darte honras.

SEGISMUNDO.—*(Aparte.)*

Cielos, si es verdad que sueño,
suspendedme la memoria,
que no es posible que quepan
en un sueño tantas cosas.
¡Válgame Dios, quién supiera,
o saber salir de todas,
o no pensar en ninguna!
¿Quién vio penas tan dudosas?
Si soñé aquella grandeza
en que me vi, ¿cómo ahora
esta mujer me refiere
unas señas tan notorias?
Luego fue verdad, no sueño;
y si fue verdad, que es otra
confusión y no menor,
¿cómo mi vida le nombra
sueño? Pues ¿tan parecidas

a los sueños son las glorias,
que las verdaderas son
tenidas por mentirosas,
y las fingidas por ciertas?
¡Tan poco hay de unas a otras,
que hay cuestión sobre saber
si lo que se ve y se goza
es mentira o es verdad!
¿Tan semejante es la copia
al original, que hay duda
en saber si es ella propia?
Pues si es así, y ha de verse
desvanecida entre sombras
la grandeza y el poder,
la majestad y la pompa,
sepamos aprovechar
este rato que nos toca,
pues sólo se goza en ella
lo que entre sueños se goza.
Rosaura está en mi poder;
su hermosura el alma adora;
gocemos, pues, la ocasión;
el amor las leyes rompa
del valor y la confianza
con que a mis plantas se postra.
Esto es sueño; y pues lo es,
soñemos dichas ahora,
que después serán pesares.
Mas ¡con mis razones propias
vuelvo a convencerme a mí!
Si es sueño, si es vanagloria,

¿quién por vanagloria humana
pierde una divina gloria?
¿Qué pasado bien no es sueño?
¿Quién tuvo dichas heroicas
que entre sí no diga, cuando
las resuelve en su memoria:
sin duda que fue soñado
cuanto vi? Pues si esto toca
mi desengaño, si sé
que es el gusto llama hermosa
que la convierte en cenizas
cualquiera viento que sopla,
acudamos a lo eterno,
que es la fama vividora
donde ni duermen las dichas,
ni las grandezas reposan.
Rosaura está sin honor;
más a un príncipe le toca
el dar honor que quitarle.
¡Vive Dios!, que de su honra
he de ser conquistador,
antes que de mi corona.
Huyamos de la ocasión,
que es muy fuerte. Al arma ahora, *(A*
*[un soldado)*

que hoy he de dar la batalla,
antes que la oscura sombra
sepulte los rayos de oro
entre verdinegras ondas.

ROSAURA.— ¡Señor!, pues ¿así te ausentas?
Pues ¿no una palabra sola

no te debe mi cuidado,
ni merece mi congoja?
¿Cómo es posible, señor,
que ni me mires ni oigas?
¿Aun no me vuelves el rostro?

SEGISMUNDO.— Rosaura, al honor le importa,
por ser piadoso contigo,
ser cruel contigo ahora.
No te responde mi voz,
porque mi honor te responda;
no te hablo, porque quiero
que te hablen por mí mis obras;
no te miro, porque es fuerza,
en pena tan rigurosa,
que no mire tu hermosura
quien ha de mirar tu honra. *(Vase, y
[los soldados con él.)*

ROSAURA.— ¿Qué enigmas, cielos, son éstas?
Después de tanto pensar,
¡aún me queda que dudar
con equívocas respuestas!

## ESCENA XI

CLARÍN; ROSAURA

CLARÍN.— ¿Señora, es hora de verte?
ROSAURA.— ¡Ay, Clarín!, ¿dónde has estado?
CLARÍN.— En una torre encerrado
brujuleando mi muerte,

si me da, o si no me da;
y a figura que me diera
pasante quínola fuera
mi vida: que estuve ya
para dar un estallido.

ROSAURA.— ¿Por qué?

CLARÍN.—                    Porque sé el secreto
de quién eres, y en efeto,
Clotaldo... ¿Pero qué ruido
es éste? *(Suenan cajas.)*

ROSAURA.—            ¿Qué puede ser?

CLARÍN.— Que del palacio sitiado
sale un escuadrón armado
a resistir y vencer
el del fiero Segismundo.

ROSAURA.— ¿Pues cómo cobarde estoy,
y ya a su lado no soy
un escándalo del mundo,
cuando ya tanta crueldad
cierra sin orden ni ley? *(Vase.)*


## ESCENA XII

CLARÍN; SOLDADOS, *dentro*

VOCES DE UNOS.
            ¡Viva nuestro invicto rey!

VOCES DE OTROS.
            ¡Viva nuestra libertad!

CLARÍN.— ¡La libertad y el rey vivan!
　　　　Vivan muy enhorabuena;
　　　　que a mí nada me da pena
　　　　como en cuenta me reciban,
　　　　que yo, apartado este día
　　　　en tan grande confusión,
　　　　haga el papel de Nerón,
　　　　que de nada se dolía.
　　　　Si bien me quiero doler
　　　　de algo y ha de ser de mí.
　　　　Escondido desde aquí
　　　　toda la fiesta he de ver.
　　　　El sitio es oculto y fuerte,
　　　　entre estas peñas. Pues ya
　　　　la muerte no me hallará,
　　　　dos higas para la muerte. *(Escóndese;*
　　　　*tocan cajas, y suena ruido de armas.)*

## ESCENA XIII

BASILIO, CLOTALDO y ASTOLFO, *huyendo;*
CLARÍN, *oculto*

BASILIO.— ¡Hay más infelice rey!
　　　　¡Hay padre más perseguido!

CLOTALDO.— Ya tu ejército vencido
　　　　baja sin tino ni ley.

ASTOLFO.— Los traidores, vencedores
　　　　quedan.

291

BASILIO.—        En batallas tales,
los que vencen son leales,
los vencidos los traidores.
Huyamos, Clotaldo, pues,
del cruel, del inhumano
rigor de un hijo tirano. *(Disparan dentro y cae Clarín herido de donde está.)*

CLARÍN.— ¡Válgame el cielo!

ASTOLFO.—             ¿Quién es
este infelice soldado,
que a nuestros pies ha caído
en sangre todo teñido?

CLARÍN.— Soy un hombre desdichado,
que por quererme guardar
de la muerte, la busqué.
Huyendo della, encontré
con ella, pues no hay lugar,
para la muerte, secreto:
de donde claro se arguye
que quien más su efeto huye,
es quien se llega a su efeto.
Por eso tornad, tornad
a la lid sangrienta luego;
que entre las armas y el fuego
hay mayor seguridad
que en el monte más guardado,
pues no hay seguro camino
a la fuerza del destino
y a la inclemencia del hado;
y así, aunque a libraros vais

de la muerte con huir,
mirad que vais a morir,
si está de Dios que muráis. *(Cae den-*
[*tro.)*

BASILIO.— ¡Mirad que vais a morir,
si está de Dios que muráis!
¡Qué bien, ¡ay cielos!, persuade
nuestro error, nuestra ignorancia
a mayor conocimiento
este cadáver que habla
por la boca de una herida,
siendo el humor que desata
sangrienta lengua que enseña
que son diligencias vanas
del hombre cuantas dispone
contra mayor fuerza y causa!
Pues yo, por librar de muertes
y sediciones mi patria,
vine a entregarla a los mismos
de quien pretendí librarla.

CLOTALDO.— Aunque el hado, señor, sabe
todos los caminos, y halla
a quien busca entre lo espeso
de las peñas, no es cristiana
determinación decir
que no hay reparo a su saña.
Sí hay, que el prudente varón
victoria del hado alcanza;
y si no estás reservado
de la pena y la desgracia,
haz por donde te reserves.

ASTOLFO.— Clotaldo, señor, te habla
como prudente varón
que madura edad alcanza;
yo, como joven valiente.
Entre las espesas matas
de este monte está un caballo
veloz, aborto del aura;
huye en él, que yo entre tanto
te guardaré las espaldas.

BASILIO.— Si está de Dios que yo muera,
o si la muerte me aguarda
aquí, hoy la quiero buscar,
esperando cara a cara. *(Tocan al arma.)*


## ESCENA XIV

SEGISMUNDO, ESTRELLA, ROSAURA, *soldados,*
*acompañamiento;* BASILIO, ASTOLFO,
CLOTALDO


UN SOLDADO.— En lo intrincado del monte,
entre sus espesas ramas,
el rey se esconde.

SEGISMUNDO.—                    ¡Seguidle!
No quede en sus cumbres planta
que no examine el cuidado,
tronco a tronco, y rama a rama.

CLOTALDO.— ¡Huye, señor!

BASILIO.— ¿Para qué?

ASTOLFO.— ¿Qué intentas?

BASILIO.— Astolfo, aparta.

CLOTALDO.— ¿Qué quieres?

BASILIO.— Hacer, Clotaldo,
un remedio que me falta. *(A Segismun-*
*[do, arrodillándose.)*
Si a mí buscándome vas,
ya estoy, príncipe, a tus plantas:
sea dellas blanca alfombra
esta nieve de mis canas.
Pisa mi cerviz y huella
mi corona; postra, arrastra
mi decoro y mi respeto;
toma de mi honor venganza,
sírvete de mí cautivo;
y tras prevenciones tantas,
cumpla el hado su homenaje,
cumpla el cielo su palabra.

SEGISMUNDO.—Corte ilustre de Polonia,
que de admiraciones tantas
sois testigos, atended,
que vuestro príncipe habla.
Lo que está determinado
del cielo, y en azul tabla
Dios con el dedo escribió,
de quien son cifras y estampas
tantos papeles azules
que adornan letras doradas,
nunca engaña, nunca miente;

295

es quien, para usar mal dellas,
las penetra y las alcanza.
Mi padre, que está presente,
por excusarse a la saña
de mi condición, me hizo
un bruto, una fiera humana :
de suerte, que cuando yo
por mi nobleza gallarda,
por mi sangre generosa,
por mi condición bizarra
hubiera nacido dócil
y humilde, sólo bastara
tal género de vivir,
tal linaje de crianza,
a hacer fieras mis costumbres :
¡qué buen modo de estorbarlas!
Si a cualquier hombre dijesen :
"Alguna fiera inhumana
te dará muerte", ¿escogiera
buen remedio en despertalla
cuando estuviera durmiendo?
Si dijeran : "Esta espada
que traes ceñida, ha de ser
quien te dé la muerte", vana
diligencia de evitarla
fuera entonces desnudarla
y ponérsela a los pechos.
Si dijesen : "Golfos de agua
han de ser tu sepultura
en monumentos de plata",
mal hiciera en darse al mar,
cuando soberbio levanta

rizados montes de nieve,
de cristal crespas montañas.
Lo mismo le ha sucedido
que a quien, porque le amenaza
una fiera, la despierta;
que a quien, temiendo una espada,
la desnuda; y que a quien mueve
las ondas de una borrasca;
y cuando fuera, escuchadme,
dormida fiera mi saña,
templada espada mi furia,
mi rigor quieta bonanza,
la fortuna no se vence
con injusticia y venganza,
porque antes se incita más;
y así, quien vencer aguarda
a su fortuna, ha de ser
con cordura y con templanza.
No antes de venir el daño
se reserva ni se guarda
quien le previene; que aunque
puede humilde, cosa clara,
reservarse dél, no es
sino después que se halla
en la ocasión, porque aquésta
no hay camino de estorbarla.
Sirva de ejemplo este raro
espectáculo, esta extraña
admiración, este horror,
este prodigio; pues nada
es más, que llegar a ver
con prevenciones tan varias,

rendido a mis pies a un padre
y atropellado a un monarca.
Sentencia del cielo fue:
por más que quiso estorbarla
él, no pudo; ¿y podré yo
que soy menor en las canas,
en el valor y en la ciencia,
vencerla? Señor, levanta *(Al rey.)*
dame tu mano, que ya
que el cielo te desengaña
de que has errado en el modo
de vencerla, humilde aguarda
mi cuello a que tú te vengues:
rendido estoy a tus plantas.

BASILIO.— Hijo, que tan noble acción
otra vez en mis entrañas
te engendra, príncipe eres.
A ti el laurel y la palma
se te deben; tú venciste;
corónense tus hazañas.

TODOS.— ¡Viva Segismundo, viva!

SEGISMUNDO.— Pues que ya vencer aguarda
mi valor grandes victorias,
hoy ha de ser la más alta
vencerme a mí. Astolfo dé
la mano luego a Rosaura,
pues sabe que de su honor
es deuda, y yo he de cobrarla.

ASTOLFO.— Aunque es verdad que le debo
obligaciones, repara

que ella no sabe quién es;
y es bajeza y es infamia
casarme yo con mujer...

CLOTALDO.— No prosigas, tente, aguarda;
porque Rosaura es tan noble
como tú, Astolfo, y mi espada
la defenderá en el campo;
que es mi hija, y eso basta.

ASTOLFO.— ¿Qué dices?

CLOTALDO.—                 Que yo hasta verla
casada, noble y honrada,
no la quise descubrir.
La historia desto es muy larga;
pero, en fin, es hija mía.

ASTOLFO.— Pues siendo así, mi palabra
cumpliré.

SEGISMUNDO.—               Pues porque Estrella
no quede desconsolada,
viendo que príncipe pierde
de tanto valor y fama,
de mi propia mano yo
con esposo he de casarla
que en méritos y fortuna,
si no le excede, le iguala.
Dame la mano.

ESTRELLA.—               Yo gano
en merecer dicha tanta.

SEGISMUNDO.— A Clotaldo, que leal
sirvió a mi padre, le aguardan

mis brazos, con las mercedes
que él pidiere que le haga.

UN SOLDADO.—Si así a quien no te ha servido
honras, ¿a mí que fui causa
del alboroto del reino,
y de la torre en que estabas
te saqué, qué me darás?

SEGISMUNDO.—La torre; y porque no salgas
della nunca, hasta morir
has de estar allí con guardas;
que el traidor no es menester
siendo la traición pasada.

BASILIO.— Tu ingenio a todos admira.

ASTOLFO.— ¡Qué condición tan mudada!

ROSAURA.— ¡Qué discreto y qué prudente!

SEGISMUNDO.— ¿Qué os admira? ¿Qué os espanta,
si fue mi maestro un sueño,
y estoy temiendo en mis ansias
que he de despertar y hallarme
otra vez en mi cerrada
prisión? Y cuando no sea,
el soñarlo sólo basta;
pues así llegué a saber
que toda la dicha humana,
en fin, pasa como un sueño,
y quiero hoy aprovecharla
el tiempo que me durare:
pidiendo de nuestras faltas
perdón, pues de pechos nobles
es tan propio el perdonarlas.